Atrapada
EN EL INFIERNO
DE HITLER

Atrapada
EN EL INFIERNO
DE HITLER

*Una joven judía descubre
la fidelidad del Mesías
en medio del Holocausto*

Anita Dittman
con Jan Markell

Lighthouse Trails Publishing
Eureka, Montana EE.UU.

Atrapada en el infierno de Hitler
c 2005 por Anita Dittman y Jan Markell
Tercera Edición, 2ª impresión
Espanol Edición 2018 (ISBN: 978-1-942423-06-5)

Lighthouse Trails Publishing
P.O. Box 908, Eureka, Montana
(406)889-3610
editors@lighthousetrails.com
www.lighthousetrails.com

Del libro titulado *Angels in the Camp* publicado por Tyndale House, 1979, ISBN 0842300716. Todos los derechos reservados. Ninguna parte de este libro puede reproducirse, guardado en un sistema de revista, o trasmitida de ninguna manera, sea electrónica, mecánica, fotocopia, grabaciones, u otra forma sin permiso previo y por escrito de la editorial.

Las citas bíblicas corresponden a la Santa Biblia, versión Reina-Valera, revisión de 1960. Copyright 1960 por la Sociedad Bíblica Americana.

Fotos en las páginas 32, 37, 43, 45, 104, 105, 114, 164 usado con permiso de Estados Unidos Holocaust Memorial Museum. "Las opiniones expresadas en este libro y el contexto en el cual se utilizan las imágenes, no necesariamente reflejan las opiniones o políticas de, ni implica aprobación o respaldo por el Holocaust Memorial Museum de Estados Unidos". Diseño por senderos Faro editorial de portada, cubierta foto © JinYoung Lee. Imagen de BigStockPhoto.com. Las siguientes imágenes tomadas de BigStockPhoto.com: foto en la página 52 © Marlin Thorman. Foto en la página 125 © Tina Rencelj. Foto en la página 137 © Patrick Tuohy. Foto en la página 145 © Catherine Tranent. Foto en la página 161 © Rejean Giroux. Foto en la página 174 © Kent Christopherson. Foto en la página 182 © Tanya Weliky.

Nota: Los libros de la Editorial Lighthouse Trails Publishing disponibles a descuentos en cantidad. Información para contactar la Editorial al final del libro.

Impreso en los Estados Unidos de America

DEDICATORIA

Desde que llegué a los Estados Unidos en 1946, mi sueño y oración había sido de compartir con otros los milagros gloriosos que el Señor hizo durante mis doce años y medio de persecución bajo el régimen nazi. Sin embargo, en el tiempo del Señor, el libro no tomó forma hasta en algún momento del invierno de 1977, después que yo reafirmara mi fe en Jesucristo y renovara mi consagración total a El durante una cruzada televisada de Billy Graham. Dedico este libro a la gloria de Dios y con la más profunda gratitud en memoria de mi pastor y amigo amado, el finado Obispo (Luterano) Ernst Hornig de Alemania, quien por su ejemplo cristiano, me llevó a una relación viviente con mi Salvador cuando yo tenía doce años. También mi sincero agradecimiento doy a mi querido amigo Dr. H. Allan Talley de Hope Presbiterian Church, Minneapolis, MN, EE.UU., cuyo cuidado y preocupación por mí han sido una constante fuente de consuelo y ánimo. El, a su vez, me presentó a la talentosa joven escritora de este libro, Jan Markell. Su amistad y su profundidad espiritual han tenido un impacto poderoso sobre mi vida. Espero que los testimonios de estas páginas despierten en cada lector el pleno entendimiento de que Cristo está vivo hoy, y que Sus milagros, amor, y perdón son ilimitados.

Anita Dittman

Este libro se dedica a mis padres, Ben y Helga Markell. La herencia judía de mi padre me dio una pasión para entender toda cosa judía, incluyendo el Holocausto. El murió en Cristo en 2001. Mi mamá intercedió por mí en medio de muchas circunstancias serias, incluyendo una enfermedad grave. Ella era una mujer al estilo de Proverbios 31, quien nunca perdió la esperanza de que su esposo llegara a ser creyente y que yo me recuperara de esas enfermedades y sirviera de tiempo completo ministrando en el Reino de Dios. Ella falleció de cáncer demasiado pronto, en 1987. Anticipo nuestra reunión en el Cielo.

Jan Markell

Contents

UNA NUEVA ÉPOCA—"¡HEIL HITLER!....................9

UNA RAZA EN DESGRACIA........................24

ATRAPADAS 38

"UNA MARAVILLOSA CRISTIANA…"..................42

"¡ABRAN LA PUERTA!"..........................53

TRABAJOS FORZADOS............................69

ICTERICIA....................................79

ADIOS, MAMÁ..................................86

PAN ZWEIBACK................................98

EL CAMPO DE TRABAJO.........................111

SOSTENIDA...................................125

UNOS MOMENTOS DE LIBERTAD...................137

EL ESCAPE...................................150

HOSPITALIZADA...............................164

EL FINAL DEL VIAJE..........................171

EPÍLOGO.....................................182

Ten misericordia de mí, oh Dios,
ten misericordia de mí;
Porque en ti ha confiado mi alma,
Y en la sombra de tus alas me ampararé
Hasta que pasen los quebrantos.
Salmo 57:1

Uno

UNA NUEVA ÉPOCA—
"¡HEIL HITLER!

"¡Oh, Te damos gracias, Jesús!" suspiró suavemente Mamá. Aun mi hermana Hela demostró emoción desacostumbrada. Mamá abrió el sobre y sacó los formularios oficiales allí, pero su optimista anticipación cambió al leerlos. Su gozo se convirtió en tristeza al darse cuenta que solo una de la familia había recibido su pasaporte y visa.

"Únicamente están los papeles de Hela", suspiró Mamá, "pero dicen que los tuyos y los míos llegarán a finales de agosto. Por lo menos Hela puede ir, Anita. Tenemos que regocijarnos por ella y seguir confiando en Dios por los tuyos y los míos. Podremos encontrarnos con Hela en Londres".

En su boca apareció una leve sonrisa mientras que puso los papeles de Hela a un lado. "Estoy aprendiendo a confiar en El, Anita".

Como Hela iba a salir el 31 de agosto, con afán hicimos los preparativos de su salida. El Pastor Hornig le dio algo de dinero, seguramente a costa de la comida de la mesa de su familia. Nos preguntamos si Dios estaba liberando a Hela primero porque su fe era tan pequeña que no habría podido aguantar más demora.

La señal tenue en nuestro radio, de una emisora subterránea, nos informó que Hitler estaba en marcha y posiblemente invadiría a Polonia cualquier día. Durante la semana habíamos tenido ensayos de apagones en

Breslau, y eso, según Mamá, significaba la guerra. Sin duda iba a haber una cuenta regresiva de nuestra libertad antes de empezar la guerra. Solamente nuestra confianza en Jesús nos mantuvo calmadas.

Agosto pasó rápidamente sin ninguna novedad. El correo diario solo trajo desanimo. Así que el día de la salida de Hela produjo una contrariedad de emociones. Nos sentimos felices por ella, pero tristes porque nuestros propios papeles no llegaban. Al despedirnos de ella, nuestras lágrimas de gozo por ella se unían a las de temor y confusión para nosotras.

"Hela, tienes que darle gracias a Jesús por tu libertad", insistí. "El te ha hecho un milagro". Hela asintió con la cabeza, pero su corazón todavía no se había suavizado hacia Jesús.

"Nos veremos pronto en Londres", dijo Mama al abrazar a Hela, "y nuestras oraciones estarán contigo cada día. El contacto del Pastor Hornig es confiable. Haz lo que ellos te digan, pero no nos envíes ninguna correspondencia aquí a Alemania. Probablemente nos veremos dentro de un mes".

El tren dio un silbido, y nuestras despedidas fueron cortas, porque estábamos seguras que pronto estaríamos juntas de nuevo. Centenares de personas asustadas huían, empujándose para subir al tren; era gente agradecida por una nueva vida, pero con temor por sus seres queridos dejados atrás, algunos sin paradero conocido.

Nos abrazamos una vez más, y Hela subió al tren, agitando la mano en una entusiasta despedida. Tomé la mano de Mamá mientras observamos a los demás subir al tren. Unos pocos minutos después el tren arrancó, y con resoplos, desapareció de la vista. Al final sólo pudimos ver una nube de humo grueso en el horizonte.

El día siguiente Alemania invadió a Polonia. También ese mismo día, todas las fronteras de Alemania fueron cerradas, y desde este momento

Una nueva época—"¡Heil Hitler!"

también Alemania no permitió la entrada de correo procedente de Inglaterra. Nuestras visas y pasaportes que venían desde Inglaterra estaban en el correo pero nunca nos llegaron. Dos días después, el 3 de septiembre 1939, Inglaterra y Francia declararon guerra contra Alemania. Mamá y yo estábamos atrapadas en el infierno de Hitler.

Pero la trampa se había empezado a cerrar para todos nosotras seis años antes, cuando yo era todavía una pequeña niña…

> El baile fue ejecutado hermosamente por la niña de seis años, Anita Dittman. Su destreza y gracia en el ballet exceden mucho sus años. Sin embargo, ahora nosotros los alemanes ya no queremos ser divertidos por una judía.

Mamá leyó el reportaje del diario de la mañana que había encontrado tirado en la calle. Sus palabras, aunque pronunciadas en tonos suaves, hicieron eco en toda la casa. Cayeron sobre mis oídos sorprendidos y causaron enseguida una cantidad de lágrimas, lágrimas de una niña demasiado pequeña como para entender el significado de una palabra como el anti-semitismo. Lo único que sabía era que mi sueño de crecer y llegar a ser la mejor bailarina del mundo había sido hecho trizas. No importaba que no entendiéramos por qué nos perseguían. A los judíos, juntamente con los comunistas y otros anti-nazis*, no nos era permitido cuestionarlo. Pronto íbamos a tener una sola libertad: la de morir.

En ese entonces yo estudiaba primero de primaria en Breslau, Alemania. El año era 1933, y las fogatas de los Nazis solamente echaban chispas. Se iban a explotar en un holocausto donde millones iban a perecer por su odio, sus mentiras, y sus prejuicios sin fundamentos. En esos días, yo ya no podía llegar a casa de la escuela sin recibir piedras o golpes en el camino. Especialmente los niños alemanes, hinchados con orgullo ario** y la propaganda que los animaba a destruir a los inferiores, se gozaban en

---

*Significa un partido político de Alemania, el Socialista Nacional
** Aunque el término no tenía validez etnológica, los Nazis usaban "ario" para significar "caucásico de descendencia no-judía".

atacarme. Esto era sólo el principio de lo que iba a llegar a ser una pesadilla de doce años—doce años de esperar un golpe en la puerta de parte de la Gestapo, y verlos llevar a un ser querido por el cabello o la barba a un lugar desconocido; el ser llevado en un vagón de tren de ganado entre centenares de gente atemorizada y llorosa a un campamento de muerte; o recibir una bala misericordiosa que lo terminara todo.

Entre estos judíos desgraciados, yo iba a ser una de los pocos con un verdadero hogar. Iba a llegar a conocer a Jesús, que daba Su paz en medio de la tormenta. Al fin y al cabo, ¿no era Él realmente el Príncipe de Paz?

Mi mamá, Hilde, nació en una familia de trece niños en un hogar judío ortodoxo de Alemania. Como la familia era tan pobre, no pudo enviar a Mamá a una escuela judía. Las escuelas públicas siempre enseñaban clases de religión, de modo que Mamá, entre otros niños pobres judíos, tenía que oír de Jesús de Nazaret. El nombre de Jesús era una ofensa para la mayoría de los judíos. Bajo el estandarte de la cruz, millones de judíos habían muerto en el transcurso de la historia. Sin embargo, algo dentro de Mamá despertaba cada vez que leía de Jesús en sus textos Ella no podía negar el anhelo de su corazón mientras estudiaba Su vida. El Hombre de Galilea parecía querer llenar el vacío espiritual que el judaísmo dejaba en su vida. Ella no se atrevía a comentar en voz alta su

Hela, con un niño vecino, y Anita (de 3 años) en 1930, antes de la guerra

Una nueva época—"¡Heil Hitler!"

Hela y Anita—1930

curiosidad, sin embargo se encontraba preguntándose quedamente "Es posible que Jesús es el Dios que he estado buscando".

Pero a los diecinueve años, ella, como tantos otros jóvenes inquietos, sucumbió a la atracción de la secta de la teosofía, que es semejante al hinduismo y enseña la reencarnación. Ponían a Cristo al mismo nivel de Buda y Mahoma, y ella podría adorar a una multitud de dioses iguales. Ella renunció a su judaísmo y huyó de Jesús. Pero el día pronto iba a llegar cuando Mamá clamaría al nombre de Yeshua ("Jesús"), buscando Su misericordia, protección, liberación, y lo más importante de todo, la salvación.

Papá era alemana ario y también ateo convencido. Participaba en el Partido Social Demócrata de Alemania, el rival principal de Hitler, y servía como editor de El Volkswacht, un periódico anti-Nazi de la ciudad de Breslau*. Éramos cómodamente ricos y alquilamos una casa en la ciudad. Sólo los muy ricos podían ser dueños de una casa con su propio lote.

---

*Este es el nombre alemán para lo que hoy en día es Wroclaw, Polonia—una ciudad devuelta a ese país después de la guerra.

Pero los Nazis cerraron la prensa de Papá, y los empleados perdieron sus trabajos. Después exigieron que Papá contratara nuevas personas Nazis para que la prensa sacara propaganda en Breslau y la provincia contigua, una área de Alemania con posiblemente la cantidad más grande de personas que apoyaban la esvástica.

A la vez pusieron demasiada presión sobre Papá para que dejara a Mamá, a mi hermana, y a mí; porque los Nazis rechazaban relaciones entre alemanes y judíos. Muchos matrimonios mixtos se anularon o fueron disueltos por el estado. Se consideraba una abominación grave el contaminar la raza alemana con el matrimonio con judíos.

El único afecto real de Papá era para mi hermana Hela, y poco disimulaba sus sentimientos tibios hacía mí y Mamá. Muchas veces él me recordaba que tan triste estaba porque yo no era un varón. Para proteger mis sentimientos tan heridos, yo me aislaba de mi papá y emocionalmente le rechazaba. Cuando él dejó a nuestra familia, yo no lloré. Es posible que mi anhelo de tener un padre amoroso me hiciese buscar a tan temprana edad mi Padre Celestial.

Papá nos dejó en 1933 cuando huyó de los Nazis, que buscaban a todos los miembros del Partido Social Demócrata. Empezamos a vivir de la asistencia pública, y tuvimos que mudarnos a un apartamentico de un solo cuarto no lejos de nuestra antigua propiedad. Pero sentimos gratitud, porque aunque el lugar era estrecho, el apartamento era relativamente limpio y en un sector sano de Breslau. Pero las dificultades eran constantes e iban en aumento. Solo teníamos dinero suficiente para el arriendo y un poco de alimento, alrededor de veinte centavos por comida. Mis preciosas lecciones de ballet, que habían sido mi único escape en Alemania Nazi, tenían que terminar. Cuando bailaba, me escapaba a un mundo imaginario donde existían solo los goces de una niña de seis años; me sentía totalmente libre y contenta.

En el piso encima de nosotros en el complejo de apartamentos vivía una familia católica, que me invitó a acompañarles a la iglesia un domingo. Mamá, reconociendo la misma hambre en mi corazón que ella había sentido de niña, me permitió ir con ellos. Yo había sido expuesta a Jesús en las clases de religión en la escuela pública. Era irónico que Hitler permitiera estas clases a pesar de su odio hacía Dios. Al sentarme en el

Una nueva época—"¡Heil Hitler!"

servicio en la catedral ese domingo por la mañana, el Espíritu de Dios empezó a obrar en mi vida. Me asombraron los hermosos vidrios de color que mostraba la vida de Jesús. Gráficamente pude ver Su nacimiento, vida, muerte, y resurrección. Jesús no podría ser sólo un carpintero haciéndose pasar por un rey. Con todas las opciones religiosas que tenía como una niña de seis años, es increíble que podría discernir que Jesús realmente era Dios. No creía en los ritos judíos ni católicos, ni el ateísmo fuerte de Papá, ni la práctica de teosofía de Mamá. El Espíritu de Dios tocó a esa niña; en pocos años iba a tomar mi cruz y seguirle a El. Mamá había permitido que la atracción del mundo intelectual sofisticado le alejara del Dios del Antiguo y Nuevo Testamentos. Entendiendo sus fallas, ella me dio la libertad de buscar al Dios de mi escogencia.

Tal vez para mí, Jesús era solamente como figura de padre o la fantasía de una niña buscando seguridad y amor en un mundo de odio y temor. No sé, pero lo único que me importaba en ese tiempo era que me sentía segura con El. Sabía que El me comprendía, y estaba segura que El me oía cuando hablaba con El. El iba a llegar a ser mi mejor Amigo aún antes de llegar a ser mi Señor y Salvador.

Adolfo Hitler subió al poder porque el confuso y senil Presidente Hindenburg lo permitió. Al principio de los años '30, Alemania estaba en medio de una depresión económica que había empezado en Wall Street en octubre 1929. Los efectos de la depresión se sintieron casi inmediatamente en Alemania; al llegar 1933, el desempleo afectaba casi una tercera parte de la población del país.

Durante las elecciones de 1930, los Nazis hicieron mucha bulla porque eran violentamente anticomunistas, y tenían el apoyo de los empresarios más ricos de Alemania. Su representación en el Reichstag, la asamblea legislativa, se aumentó muchísimo, desde 12 hasta 107 miembros.

Al llegar 1932, los Nazis se hicieron aún más fuertes al apoyar el liderazgo de Adolfo Hitler. Con su personal, Hitler viajó a cada pueblo y aldea para ganar votos; y su énfasis sobre el desempleo ganó tanto apoyo, que los Nazis más que duplicaron sus puestos en el parlamento.

Entonces le ofrecieron a Hitler el puesto de vice-canciller en forma legal y pacífica. El lo rechazó. El no quería nada menos que el puesto de canciller, que le iba a dar poder casi igual al de Hindenburg. Más tarde en el mismo año 1932, le ofrecieron el puesto de canciller, con condiciones limitadas. Otra vez, él se negó a aceptarlo, protestando las condiciones.

Llegó el momento cuando las calles de Alemania resonaban con las manifestaciones y peleas políticas. Los Nazis, en camisas cafés, pelearon contra todos los opositores—especialmente los de la izquierda—abiertamente en las calles y también en los callejones oscuros.

Finalmente en enero 1933, le nombraron a Hitler canciller de un gobierno de coalición. Hindenburg, ahora con casi ochentaicinco años y sin poder leer, siguió como presidente. Una marcha a luz de antorchas se celebró el 30 de enero. Una nueva era empezó en la historia—la era del Tercer Reich.* La democracia alemana había muerto. Pero con casi seis millones sin empleo, de todos modos Alemania solo tenía una actitud tibia hacia la democracia.

El modelo nazi tenía mucho idealismo. La idea de vivir en un país fuerte y viril atraía a todos, especialmente la juventud. Todos estaban abiertos a la propaganda que aseguraba alivio de la depresión, la inflación, y otras durezas; y los Nazis prometieron un gobierno casi socializante.

Hitler fue totalmente subestimado por sus opositores. Los partidos comunista y Social Demócrata se sintieron seguros que la incompetencia de él se iba a revelar muy pronto, y que los Nazis se caerían con poco ímpetu. Casi nadie pensaba que el Tercer Reich iba a imponer su esvástica por todo el territorio europeo.

Temprano en el 1933, quemas masivas de libros destruyeron de una todos los libros que contenían ideologías y filosofías opositoras. Todo lo que significaba libertad y gozo desapareció en seguida. Ahora únicamente se permitía una sola clase de entusiasmo, el entusiasmo hacia Hitler.

La actitud de sospecha llegó a ser el nuevo orden del día. Más adelante, se supo que Hitler sospechaba aún de sus asociados más íntimos. El había llegado al pleno poder a través de los puños y pistolas de sus tropas de asalto Nazi. Claramente la ley y la persona de Hitler eran una misma cosa.

---

*El primer imperio alemán (Reich) se consideraba el Santo Imperio Romano; el segundo, el Imperio Alemán de 1871 a 1919.

Una nueva época—"¡Heil Hitler!"

Más adelante ese año, se prohibió todo otro partido político en Alemania. La policía secreta recién establecida, la Gestapo, recibió libertad total para actuar sin misericordia, lo que iba a marcar su carácter durante los próximos doce años en Alemania.

Eventualmente, todo iba a sufrir en la Alemania Nazi: la religión, la educación, la industria, y por encima de todo, los derechos humanos.

Hitler juró que nunca dejaría de ser canciller durante su vida. Para garantizar esto, inmediatamente conformó cuarenta mil hombres como guardaespaldas. Un grupo especialmente sádico que dictaba sus propias leyes era una organización llamada Schutzstaffel (literalmente "rango de protección"), abreviada a SS. Muchos representaban la escoria de la sociedad: personas sin oficio, vagos, pervertidos, y ex prisioneros. Vieron en ese trabajo de la SS el camino a las riquezas y una manera de evitar el verdadero trabajo. De un día para otro, cambiaron de ser meros patrones de los bares a hombres de poder; y ese poder los embriagó. Ambos, Hitler y sus secuaces SS, querían ser ley por aparte de la ley, y pronto lo consiguieron.

Todos los de la Gestapo eran miembros de la SS. Sus responsabilidades eran similares a los de la SS, y eran igualmente corruptos y hambrientos de poder. Todo se hizo a través de la fuerza; y tomaron los edificios del gobierno, alzando la bandera de la esvástica en todo lugar, y arrestando a todo oficial del gobierno que se oponía a Hitler. El Presidente Hindenburg accedió a todo ello, menos a la persecución de los judíos. El firmó un decreto en 1933 liberando a todos los Nazis de las prisiones.

Más adelante, cada individuo sospechoso o anti-Nazi iba a ser exterminado o echado del país. Unos afortunados llegaron a lugares seguros, pero eran pocos. Cada cosa asociada con los judíos iba a ser blanco de ataques muy brutales, empezando lentamente en 1933, pero más adelante culminó en el genocidio, buscando aniquilar toda esta raza. Hitler aun ordenó la quema del edificio Reichstag en 1933, porque le recordaba de una sinagoga. En la primavera, se ordenó boicotear los negocios judíos y sus profesiones, exigiendo el pago de grandes indemnizaciones para apenas mantener su existencia.

Este mismo año, un término desconocido ganó importancia en el lenguaje mundial que significaba el desespero: campo de concentración.

Atrapada En El Infierno De Hitler

Al principio estos lugares eran rústicos y primitivos, de mal manejo. Más adelante iban a manejarse como negocios, controlando a millones de judíos, cristianos, opositores políticos, juntamente con los enfermos, dementes, y ancianos alemanes. Hitler pensaba que estos grupos amenazaban la pureza de la raza aria. Estos campos iban a llegar a ser hogar para Mamá y para mí. Solamente tomadas fuertemente de la mano de Jesús íbamos a poder aguantar nuestro paso por el infierno.

"Le pegaremos después de clases, pequeña mocosa judía", sonó una voz amenazante a mis espaldas, cuando cursaba el primer grado de primaria. Fingí no oírlo, y me concentré en lo que decía mi maestra, aunque minutos antes ella misma me había humillado. Mi cabello claro no escondía que era Judía, porque mi mamá y yo tuvimos que registrar nuestra raza en una oficina de nuestro distrito. Los nombres de los que no eran arios se enviaron inmediatamente a los colegios y otros lugares; entonces nos vigilaban con cuidado y nos sujetaron a varios grados de persecución. Además, Hela y yo éramos las únicas niñas en nuestro colegio no miembros de la organización Juventud Para Hitler. Pero ellos eran solamente unos robots con uniformes, en realidad vestidos

Hela, Mamá y Anita (6 años) 1936

Una nueva época—"¡Heil Hitler!"

tristes con esvásticas, que repetían "Heil Hitler" donde fuera que iban. Muchos niños se gozaban de hacer la vida imposible a un niño judío. Por alguna razón, yo era su blanco en vez de Hela, tal vez porque yo era muy pequeña e indefensa. Pero Mamá nos había instruido terminantemente que nunca nos defendiéramos, porque la Gestapo podría tomar represalias, llevándonos a la cárcel.

Como niña me era difícil entender a Hitler, ese demagogo cuya foto estaba por todos lados—en los salones de clases, en las banderas en las calles, y más adelante, aún contaminando los altares de las iglesias. Cada mañana, mi maestra, Fräulein (Señorita) Kinzel, oraba hacia la foto de Hitler. Sus palabras todavía suenan en mis oídos: "Querido Dios, protege nuestro amado líder. Hazle fuerte. Haz que todos podamos aprender a amarle. Que tenga muchos años de reino glorioso". Todos nosotros tuvimos que unir las manos y agachar la cabeza. Después tuvimos que alzar el brazo en la manera apropiada del Heil Hitler, y cantar el himno nacional alemán con gran gusto. El no cumplir con este ritual nacionalista nos acarreaba ser golpeadas o entregadas a la Gestapo. Cuando me encontraba con Fräulein Kinsel, le daba el saludo Nazi y murmuraba algunas palabras, pero nunca realmente dije ningún saludo real de Heil Hitler.

Una tarjeta de cumpleaños me llegó de Papá cuando yo cumplí siete años, después de más de un año de no oír de él. Explicó que le habían sentenciado a la cárcel a causa de su involucramiento con el Partido Social Demócrata. Más adelante se escapó de la cárcel y huyó a Praga, pero le capturaron de nuevo. Ahora acusaba a Mamá de delatar donde se encontraba, aunque nosotras no teníamos ninguna idea a dónde se había desaparecido. Ahora estaba en libertad, pero los Nazis le ordenaron divorciarse de Mamá porque era Judía.

"Mamá, Papá quiere ver a Hela y a mí en la casa de su mamá en Breslau del sur. Mi voz tenía una emoción guardada, pero también me daba ira algunas de sus acusaciones.

"No puede confiar en él, Anita", Mamá respondió. "Los Nazis pueden haberle hecho un lavado del cerebro como han hecho a todos los demás. Pero puedes ir si quieres. Sin embargo, tienes que cuidar cada palabra que pronuncias, porque él puede ser nuestro enemigo ahora. Arrestan cada día a judíos por cargos ficticios o porque se oponen a los Nazis. Dile a tu papá que no estás en contra de los Nazis a pesar de todo. ¿Sí, entiendes?"

Algunos judíos y otras personas a quienes se sospechaban ser contra el régimen de Hitler ya se estaban enviando a campamentos o prisiones. Sin embargo, en 1934 muchos de ellos fueron soltados rápidamente y pudieron volver a casa.

Con dificultad pude sentir algo de afecto hacia Papá. El nos había abandonado, diciendo que no nos podría ayudar económicamente. En realidad, él sabía que una corte alemana nunca le obligaría a ayudarnos, porque Mamá era Judía. La ley estaba del lado de él y lo aprovechó al máximo. Pero Hela y yo empezamos a coger el tranvía dos veces al mes para viajar al otro lado de Breslau para ver a Papá.

Ocasionalmente nos daba pequeñas sumas de dinero. Insistía que odiaba a los Nazis y que su pensar político todavía era del desaparecido partido Social Demócrata. El hablaba constantemente, casi una monotonía. Más de una docena de veces nos contaba historias de la Primer Guerra Mundial, fijando sus ojos arios azules en Hela y mirando en mi dirección como si yo no existiera. Para mitigar mi dolor me retiraba a mi propio mundo, haciendo dibujos durante nuestras visitas. Pero esas visitas hicieron pasar un poco más rápido las vacaciones del verano. Tal vez mi hambre de atención de padre me hacía aguantar el viaje de una hora, seguido por una caminata de dos kilómetros solo para verlo. O posiblemente era solo una diversión temporal de la vida triste del Alemania Nazi en 1934 y las piedras y maldiciones que me echaban los niños alemanes.

El tiempo más precioso para mí era el que pasaba con Mamá. Eventualmente ella iba a tener que hacer trabajo manual pesado, cargando estiércol durante largas horas en el calor, y después llegaba a casa cada noche con cuerpo todo adolorido. Pero el Alemania Nazi todavía era joven; las mentes diabólicas de sus líderes estaban planeando tiempos peores más adelante. La persecución existía, pero se podía aguantar.

Nuestro pequeño radio era nuestra posesión más preciosa, porque así pudimos estar al tanto de los planes del Gestapo y de Hitler. Mamá nos despertó muy temprano una madrugada húmeda caliente de agosto 1934.

Una nueva época—"¡Heil Hitler!"

"¡Anita! ¡Hela!" exclamó con temor en su voz. "El Presidente Hindenburg ha muerto. Esto no es bueno. ¡El estaba contra la persecución de los judíos!"

Soñolientas, nos sentamos en la cama y miramos a Mamá. Aunque Hela tenía solo once años y yo apenas siete, Mamá nos hablaba como si fuéramos adultas. Ella pensaba que entendíamos el significado de una Alemania nazi, y es posible que Dios realmente nos daba un entendimiento más allá de nuestros años.

"Tienen que tomar toda precaución", continuo Mamá. "Manténganse solitas y nunca hablen nada contra los Nazis. No confíen en nadie. ¿Me oyen?" Movimos las cabezas afirmativamente.

Mamá se paseaba inquieta en el pequeño apartamento. "Hitler solo habla de la raza alemana pura; le es una obsesión. Grita y su cara se contorsiona con violencia y emoción. Por todas partes la muchedumbre da voces de aprobación pero él los mira con desprecio".

Legalmente deben de haber celebrado elecciones para un nuevo presidente, pero Hitler no iba a permitir una nueva elección, de modo que sencillamente abolió el título y puesto de presidente, auto-proclamándose Der Führer, "El Líder". El también se nombró el comandante en jefe del ejército.

Sin embargo, el pueblo alemán fue invitado a registrar la aprobación de sus actos. Casi un 88 por ciento de la población indicó que estaba contenta, entonces Hitler ya tenía un control completo.

Los judíos fueron privados de sus derechos cívicos en 1935, y se promulgó la ley de la Protección de la Sangre Alemana y el Honor Alemán. Constantemente a los Arios les inculcaba la necesidad de mantener y proteger su sangre alemana. Los matrimonios entre judíos y Alemanes fueron prohibidos y anularon algunos matrimonios. Los judíos no pudieron alzar la bandera alemana.

Ese invierno, la mayoría de nuestros amigos no-judíos nos dijeron que ya no podían asociarse con nosotros. Unos pocos nos visitaban a medianoche. Oí una íntima amiga de Mamá decirle, "Hilde, sabes que todavía te amamos. Tienes que comprendernos. No estamos de acuerdo con los Nazis, pero nos amenazan la vida si mostramos bondad hacia los judíos. Tendrás que decirle a Anita que nuestro pequeño Gunter ya no podrá jugar con ella. Sé que ella sentirá tristeza por ello".

Mamá lo sabía también. Aun las visitas a medianoche de nuestros amigos cargando canastas de comida para completar nuestras escasas raciones no pudieron compensar la pérdida de mi amistad con Gunter.

Mi maestra todavía era Fraülein Kinzel, que seguía haciendo casi insoportable mi tiempo en la escuela. Me odiaba abiertamente porque yo no era miembro de Juventud de Hitler, y se gozaba golpeándome con una regla en la cabeza o las manos. Los maestros tenían permiso de pegar a los niños que presentaban problemas de disciplina o que no cumplían con las tareas. Ella utilizó este derecho al máximo, siempre exagerando mis fallas.

Tres veces en la semana nuestra clase pasaba a otro salón para la clase de religión, donde yo pude aprender más de Jesús. Era como una brisa fresca de aire de primavera dentro de una fuerte tormenta de desilusiones. Jesús empezó a ocupar más y más de mis pensamientos y atención. Aprendí que Su vida era una paradoja y que Su muerte no era final. El enseñó que en el morir, realmente vivimos, y al dar, ganamos. Años más adelante iba a escuchar que Le llamaban el "sabueso del cielo", y realmente parecía que El me seguía en forma amorosa y protectora, no por interés sino porque El me quería dar un regalo.

La mamá de Anita, Hilde

Una nueva época—"¡Heil Hitler!"

Entonces Mamá tenía que hacer labores muy pesadas para ganar su pequeña cuota de asistencia pública. Todo el día laboraba fuertemente, dejando a Hela y a mí solas hasta la noche. Recibíamos una comida caliente a diario en un centro católico de cuidado de niños que todavía se atrevía a mostrar una pisca de cariño hacia el Judío, pero escasamente yo podía pasar los bocados. Mi corazón, sintiendo la soledad, anhelaba el tiempo con Mamá, y Hela empezó a retraerse a un mundo de libros y de la filosofía. Mamá llegaba a la casa en la oscuridad de la noche y pasaba horas remendando nuestra ropa desgastada. Mamá y yo hablamos mucho de Dios, mientras Hela escondía la cara en un libro.

"¿A cuál Dios oras, Mamá?" le pregunté entusiasmada.

"Oh, a cualquier Dios que esté escuchando. No sé cuál Dios puede ser—El de los judíos o el Dios de los gentiles. No sé si es Jesús o Buda o Mahoma. Tú puedes orar a Jesús si te hacer sentir mejor".

"¡Oh, Mamá, sí, lo hago! Estoy segura que Jesús me oye. ¿Alguna vez has orado a Jesús, Mamá?"

"Creo que lo hice una vez. No sé, realmente, porque muchos judíos han muerto a manos de personas que usan Su nombre".

A pesar de nuestra pobreza, Mamá hacía que nuestros cumpleaños y las Navidades fueran especiales para Hela y para mí. Siempre recibíamos un regalo, aun si no valía más de un centavo o dos. En la Navidad de ese año, me esforcé a escuchar los himnos que salían de la torre de una iglesia a pocas cuadras de distancia. El nacimiento de Jesús por alguna razón tenía un significado especial para mí. Que tan extraño tener un amigo como Jesús. Nunca Le había conocido, sin embargo, Su presencia era inconfundible.

"¡Los himnos de la torre de la iglesia están contando la historia de Jesús, Mamá!" le exclamé felizmente. "Yo conozco las palabras de la canción. Las aprendí en el centro católico para niños. ¿Las puedo cantar?"

Mamá sonrió mientras me gocé de la temporada. Era un interludio en la vida absurda del Alemania nazi.

Entonces, la vida seguía adelante lentamente. Algunas semanas parecían demasiado largas porque estaba separada de mis amigos y Mamá estaba fuera cada día hasta la noche. Aparte de la clase de religión, la escuela seguía siendo insoportable.

Dos

UNA RAZA EN DESGRACIA

La selva que bordeaba Breslau estaba con los colores vivos y la fragancia de la primavera en 1937 cuando caminaba los más de dos kilómetros al Colegio Parroquial Luterano Betania. Ahora tenía diez años y cursaba el quinto grado. Había tenido que pasar un examen muy difícil para poder entrar en Betania. Como Hela era estudiante allí, pude asistir sin costo adicional mientras yo pasaba los exámenes. Papá había aceptado pagar el estudio de Hela. Nunca me habría hecho el mismo favor; habría estado contento que mis estudios terminaran con el cuarto grado. Yo oraba fuertemente que Jesús me ayudara a pasar esos exámenes.

Nuestras maestras eran maravillosas diaconisas luteranas que eran amables con todos nosotros. Ahora me sentía amada en vez de amenazada y intimidada; entonces, florecí como estudiante excelente, sorprendiendo a todos, inclusive a Mamá y Hela.

No se oían himnos nacionales alemanes ni tampoco "Heil Hitler" allí en Betania. Los devocionales excluían toda referencia al Führer. No se veían fotos de su semblante ceñudo, y hasta ese momento ninguno de los estudiantes pertenecía a Juventud para Hitler. Este lugar para mí era un oasis en un desierto de anti-semitismo, que me permitía recobrar algo de sentido de valor personal; y también pude profundizarme más en las enseñanzas de Jesús.

Una Raza En Desgracia

Esa primavera estaba emocionada con nuestro colegio luterano, pero algo que me entusiasmó aún más era saber de la Iglesia Luterana de Santa Bárbara en Breslau. El pastor, Ernst Hornig, y su ayudante el vicario Kathe Staritz, tenían un interés especial en ayudar a los creyentes judíos. Ellos también querían ganar a los judíos para Cristo y ayudarles a salir de Alemania. (Oímos de la iglesia por una familia judía convertida de nuestro edificio). Aún Mamá consintió en visitar la iglesia porque ofrecía una leve posibilidad de conseguir la libertad.

Como la iglesia estaba ubicada en un distrito pobre de Breslau, para asistir allí sería necesario hacer un largo viaje de ida y de vuelta en tranvía. Pero el vislumbrar la libertad haría soportable cualquier incomodidad, entonces un domingo de la primavera de 1937, Mamá, Hela y yo fuimos a la iglesia. Ahora podía oír de Jesús en la escuela toda la semana y también en la iglesia los domingos. ¡Estaba admirada de la bondad de Dios!

El Pastor Hornig llegó a ser una figura de padre para mí. Un hombre canoso de unos cuarenta años, él tenía que sostener a sus propios seis hijos con su pequeño sueldo. Cuando hablaba de los judíos, sus ojos se llenaban de lágrimas. Por supuesto, su compresión era mucho más allá de mi entendimiento como niña.

Hela, Mamá, y Anita (9 años)

Mamá y Hela aceptaron asistir a la iglesia cada semana y aprender más de Jesús. Tal vez Mamá solo usaba la iglesia como un medio para sacarnos a todas del país, pero así Jesús tuvo la oportunidad de tocarle.

Cada vez que me encontraba con el Pastor Hornig, sus ojos grises amables me miraban con amor. Pero los mismos ojos reflejaban temor, porque el pastor tenía el presentimiento de que su patria más adelante iba a tener un baño de sangre. Sin embargo, habló con compasión referente a Hitler y sus bandas vagantes de hombres de la SS y del Gestapo. Nos animaba a orar que el Espíritu de Dios tocara sus vidas.

Pronto agentes de la Gestapo empezaban a visitar los cultos de la iglesia. El Pastor Hornig sabía quienes eran. Habíamos oído que uno de los líderes protestantes de Alemania estaba encabezando un movimiento para unir el Cristianismo con las creencias nazis, incluyendo el pensamiento anti-semitismo, hasta el punto de quitar el Antiguo Testamento de las enseñanzas cristianas a causa del Judaísmo. El Pastor Hornig dijo que la nueva iglesia Nazi iba a llamarse la Iglesia Cristiana Alemana. Algunos pastores alemanes protestantes accederían a eso, pero la mayoría rehusó hacerlo, ayudando más adelante organizar la Iglesia Evangélica Confesional, que iba a seguir predicando la Biblia completa, incluyendo el Evangelio de Jesús, y la parte importante del pueblo judío en el plan eterno de Dios. También iba a oponerse a tener el cuadro de Hitler en los altares de sus iglesias.

Mi vida tomó nuevas dimensiones. Era aceptada y amada por mis maestras, por los otros estudiantes, el Pastor Hornig, y el Vicario Staritz. Mi hambre espiritual ya recibía alimento, y ahora teníamos un rayo de esperanza, porque pensamos que el Pastor Horng últimamente iba a proveer una manera para nosotras escapar la pesadilla que esperaba el Alemania Nazi.

"No olvides de hablar con Jesús sobre tu necesidad más pequeña, Anita," me recordó el Pastor Hornig una mañana después de salir de la iglesia. "El nunca está demasiado ocupado para escuchar, y El tiene cuidado de nuestros problemas, no solo los más grandes". El sol de mediodía brillaba en forma especial ese día, y tenía que entrecerrar los ojos al mirar hacía arriba al Pastor Hornig.

"He hablado con Jesús desde los seis años, Pastor", le contesté. Mamá y Hela habían seguido adelante, pero me atrasé, deseosa de aun un segundo más del calor y atención de este hombre. "Jesús es mi mejor Amigo".

"¿Pero es tu Salvador también, Anita?" el pastor preguntó, agachándose un poco para mirarme directamente a los ojos. "¿Realmente Le has pedido que entre en tu vida para ser tu Amoroso Padre Celestial y Salvador de tus pecados?"

"No sé," confesé incómoda. Después contesté con entusiasmo, "¡Pero si no lo he hecho, lo quiero hacer!"

"Entonces, solo pídeselo, Anita. Es así de sencillo. Pídele a Jesús que sea tu Salvador hoy. Mañana puede ser tarde. Y El ha prometido la vida eterna para todos los que Le reciben. Entonces, El nunca te dejará ni te desamparará. Siempre será tu Consolador y Protector, no importa qué tan mal llegue a ser la vida. Recuerda eso, Anita, aun cuando las cosas se empeoran aquí en Alemania, cuando todo es negro e inseguro y te sientes

La Iglesia Luterana Sta. Bárbara en Breslau

totalmente sola. Si tienes a Jesús en tu corazón, El te sostendrá en toda situación".

Mamá me hizo señas, temiendo que nos dejara el tranvía, entonces me despedí de ese pastor que yo había llegado a amar tanto. Corrí calle abajo pero miré atrás varias veces al Pastor Hornig agitándome la mano, con una sonrisa linda en su cara que yo sabía era especialmente para mí. Era el día más feliz de mi corta vida, porque en el camino de regreso a casa, Le pedí a Jesús que entrara en mi vida en una forma nueva y especial. Yo sabía que El lo hizo, y que El estaba más cerca que nunca, y que El siempre iba a estar a mi lado.

El día siguiente, un anunciador en el radio dijo que Hitler iba a cerrar todos los colegios parroquiales porque no incluían el nazismo y porque permitían estudiar allí a los niños judíos. No se precisó fecha para las clausuras. Otra vez, se daban advertencias severas para los alemanes que ayudaban a los judíos de cualquier manera. Los Cristianos que ayudaban a los judíos se arriesgaban a recibir represalias fuertes, incluyendo tiempo en un campo de concentración. Yo sabía que mis gloriosos días en el colegio Luterano pronto iban a terminar.

Una mañana en 1939, un ruido molesto del radio me sacó de un sueño profundo. En términos calurosos de elogio hacia el Führer, el radio locutor proclamó que Austria ahora era parte del imperio alemán. Hitler siempre había tenido el deseo de unir su tierra natal al Reich, entonces había enviado dos cientos mil soldados alemanes a cruzar la frontera para apoderarse de Austria. Ahora siete millones de nuevos ciudadanos alemanes iban a reforzar el ejército alemán.

"Alemania pronto estará en guerra", dijo Mamá mientras me quedé quieta en la cama. Hacía tanto frío esa mañana, que no me importaba si nunca me levantara. Nuestro horno de carbón apenas funcionaba, y teníamos que cuidar nuestra cantidad pequeña de carbón, porque escasamente alcanzamos a pagarlo.

Mi colegio luterano todavía no había sido cerrado, pero era solo cuestión de tiempo. Tal vez Hitler, en forma desacostumbrada, estuviera demasiado ocupado con los planes de guerra como para preocuparse de los colegios que aceptaban a los judíos y los trataba bondadosamente.

Una Raza En Desgracia

Mientras tanto, me gozaba al máximo la bondad de Dios hacía mí. Amaba a mis maestras, a la iglesia, y al Pastor Hornig.

Mamá se tornaba cada vez más callada, porque parecía tener un barómetro dentro de ella que podía presentir el peligro inminente. Algunos la habrían tachado de vocera de destrucción, pero era realista y casi siempre tenía la razón. Ahora ella mostraba señales de crecimiento espiritual diario. Ahora nunca perdía el estudio bíblico del Pastor Hornig cada semana, aunque tenía que usar el tranvía tarde en la noche para poder asistir. El pastor había regalado a cada una de nosotras una Biblia, y observé a Mamá cargando la suya con orgullo al pasar la puerta cada semana. Si nevaba ella la envolvía con cuidado para que las delgadas páginas no se mojaran. Horas después que Hela y yo nos acostamos, ella se sentaba en la mecedora, leyendo la Biblia. A pesar de mi ropa harapienta, la escasez de comida, y todo lo absurdo de la vida del Alemania Nazi, yo me sentí sumamente feliz. ¿Era esa la paz que el Pastor Hornig me dijo que iba a tener, como resultado de Jesús viviendo dentro de mi corazón?

Todavía teníamos la esperanza de salir de Alemania, porque el Pastor Hornig trabajaba cada día buscando un lugar hacia donde Mamá, Hela, y yo nos pudiéramos escapar. El estaba seguro que solo iba a ser cuestión de tiempo. Miles de judíos estaban saliendo del país, entonces ¿por qué nosotras no? Antes de que pararan la emigración, tres cientos mil personas afortunadas encontraron libertad en otros países. Alemania permitía que ellas salieran porque los Nazis querían mostrar al mundo que era imposible que los judíos fueran alemanes. Entonces, una nueva frase nació, que realmente era solo un antiguo problema: la desgracia de la raza.

Hitler todavía no había cerrado el Colegio Betania en el otoño, de modo que una tarde como de costumbre regresaba del colegio. Hela se había adelantado de modo que estaría ya en casa. Yo escogí una ruta especial donde pocos niños me pudieran ver, y así me escapaba de una golpiza. Las caminatas del colegio en la luz tibia del sol eran agradables en esos días y yo podía tomar este tiempo para hablar con Dios y agradecerle por Sus bondades hacia mí y a mí familia.

Observé los alemanes orgullosos corriendo por la ciudad de Breslau, seguramente soñando que el Führer estaba restableciendo la Alemania gloriosa que antes habían oído o conocido. A donde fuera que uno mirara, la foto de Hitler aparecía y también las esvásticas, mientras la bandera de Alemania ondeaba en la brisa. Una sensación ominosa me tocaba cada vez que veía estas cosas.

De repente, al llegar a nuestra cuadra, vi que Hela corría a encontrarme, y que tenía mucho miedo y pánico en la cara. Su cuerpo temblaba visiblemente mientras ella luchaba para contener las lágrimas. Personas curiosas la miraron pero siguieron sus caminos, temiendo involucrarse. Sentí aún antes de que ella me hablara, que un desastre había tocado nuestro hogar.

"¡Se llevaron a Mamá!" dijo con la respiración entrecortada. "La devolvieron del trabajo, y la Gestapo estaba en la casa cuando llegué del colegio". Hela estaba casi sin aliento pero insistí en que hablara más rápido. Al correr por la cuadra, un sinfín de preguntas llenó mi mente pero no tenía tiempo para expresarlas.

"La Gestapo vació todo cajón, buscando alguna evidencia contra Mamá," continuó Hela mientras las lágrimas corrían por las mejillas. "No pudieron encontrar nada, entonces la cogieron y la echaron en un carro de la policía. ¿No oíste sonar la sirena? ¡Era Mamá a quien llevaban!"

Con cautela entramos nuestro apartamento, que estaba en un desorden total. Ningún cajón estaba intacto. Todas nuestras pertenencias estaban tiradas por todo el apartamento, evidencia de una búsqueda de evidencias incriminatorias.

"No pudieron encontrar lo que buscaban", dijo Hela, "entonces inventaron un cargo. Dijeron que se les habían dicho que Papá se quedó anoche y que él cometió una desgracia contra la raza. ¿Lo puedes creer? ¡Anita, la llevaron a la cárcel!"

Mientras que yo buscaba palabras para consolar a mi hermana de quince años, oré en mi corazón que Jesús nos ayudara y nos consolara. ¿No había dicho el Pastor Hornig que Jesús siempre iba a darnos la fortaleza que necesitáramos.

"Dios nos la traerá de nuevo, Hela. Yo sé que El lo hará. ¿Puedes tú creer conmigo que El lo hará?"

"¡Creo que Dios es un invento de tu imaginación!" gritó Hela con ira.

"¡Hela!" protesté. "¡El es el Único que tenemos!"

Una Raza En Desgracia

"El es una ilusión", insistió Hela. "Ni Dios ni nadie más nos sacará de Alemania. No te engañes, Anita. Aún si existiera un Dios, El no miraría con favor a los judíos".

Hicimos vueltas en la casa. Se habían llevado a Mamá a las dos de la tarde. Si fuera una interrogación breve, podría estar de nuevo en casa para la cena. Pero si insistieran en los cargos falsos y la sentenciaran, podría ser semanas o meses antes de verla de nuevo. ¿Me atrevería a prestar un teléfono de un vecino para llamar al Pastor Hornig? De todos modos él no podría hacer nada, y tendría que hacer el largo viaje por tranvía para llegar a nuestra casa.

Las horas pasaron lentamente. Al llegar la oscuridad de la noche, Hela se desesperó otra vez, y llorando, escondió su cara en una almohada. No quería que mis palabras le sonaran tontas, entonces guardé silencio, sentada a su lado y buscando sabiduría adulta. Lo único que se oía era el tictac del reloj, y sus manillas se movían con lentitud. Concentramos los oídos, intentando escuchar los pasos de Mamá, y nos olvidamos de la comida. Era imposible hacer nuestras tareas de colegio. Hela se aíslo en su mundo secreto donde pasaba tanto tiempo. Yo también tenía un mundo secreto, pero en el yo rogaba a Jesús que nos sacara de este problema.

Poco después de la medianoche, oímos pasos conocidos. ¡Mamá había llegado! Pálida con el temor y el cansancio, ella se arrastró por la puerta. Le habían forzado a estar de pie durante diez horas mientras le interrogaban, sin descanso y sin comida. ¡Seguramente Jesús le había rescatado del foso de los leones!

"Ahora estoy en su lista negra," ella dijo en voz baja. "Me van a vigilar a diario. Si me equivoco en cualquier cosa, me podrán llevar a la cárcel. Ustedes, niñas, pueden ser vigiladas también". Una expresión de dolor la sobrecogió mientras se sentó exhausta en una silla. "Digan a Papá que nunca llegue cerca a nuestro apartamento. Es una abominación para un Alemán estar con una persona judía. ¿Entienden?" En realidad, Papá nunca se había acercado a nuestro apartamento en ningún momento. La acusación de los Nazis era totalmente falsa.

Asentimos con la cabeza, de todos modos, porque lo entendimos perfectamente.

Un mes más tarde, en noviembre 1938, un joven judío polaco mató con un tiro a un oficial de la embajada alemana en Paris. Ahora Hitler pudo echar gasolina sobre el fuego lento de su campaña anti-semita, y los judíos por todos lados iban a sentir sus efectos.

Temprano una mañana, alguien tocó nuestra puerta con insistencia. Era nuestra anciana vecina, una querida cristiana que tenía un cariño especial para nuestra familia.

"¡Hilde! ¡Hilde!" sonó su suave voz desesperada.

Mamá entreabrió la puerta y vio la cara asustada de la Sra. Schmidt.

"¡Hilde, están quemando todas las sinagogas! Dicen que es en represalia por la matanza del oficial alemán de la embajada en Paris. Tienes que no salir a ningún lado. Si necesitas algo, intentaré conseguirlo".

"Entonces ya está pasando", contestó Mamá, sin invitarle a la Sra. Schmidt a entrar. Era demasiado peligroso dejarla entrar en el apartamento, porque podrían acusarle de ayudar a un Judío.

"Sí, Hilde. Aún están sacando de sus casas a los judíos de nuestra cuadra. Por ahora solo están llevando a los hombres, pero serán las mujeres más adelante. Ahora que tú estás en la lista negra, tienes que tener cuidado. Estoy orando por ti y las niñas, Hilde. Les esconderé si me toca".

"¡No puedes hacer esto! Te matarán".

"Dios todavía puede hacer un milagro, Hilde. Cada día en Alemania es un milagro. Tengo que irme ahora".

Una sinagoga en llamas

Las sirenas sonaron todo ese día y por la noche. Nos sentamos al lado del radio, esperando estar al tanto de la obra del Gestapo. La mayor parte de las sinagogas se quemaron al piso mientras los Alemanes y Nazis miraron sin emoción. Pensaban que los judíos estaban recibiendo su justa recompensa.

En el lapso de cuatro días, miles de hombres judíos fueron recogidos y llevados a destinos desconocidos, dejando atrás a sus aterradas familias. Algunos iban a ser interrogados o torturados durante varias semanas, después sueltos para volver a sus hogares. Otros fueron enviados a Buchenwald y otros campos de trabajos forzados. Parecía que las selecciones se hacían al alzar. Nada tenía mucho sentido, especialmente los cargos falsos contra las víctimas inocentes y sus familias. Observamos algo del caos en la calle frente a nuestro edificio. Ancianos fueron halados por sus barbas y tirados en camiones tan cargados que casi no podían respirar. Sus familias suspiraban horrorizadas. En algunos casos, el único llevado sería un adolescente. Mamá y yo oramos en silencio por las víctimas y sus seres amados.

Nos mantuvimos agachadas en nuestro apartamento durante cinco días hasta que dejaron de sonar las sirenas y las sinagogas eran solo ruinas humeantes. La propaganda nazi de odio salía por el radio diciendo que los judíos estaban recibiendo su castigo merecido, y que eso iba a seguir. Eventualmente toda Alemania iba a ser Judenrein ("libre de judíos").

"A los judíos les está terminantemente prohibido asistir a conciertos y otras clases de diversiones públicas", anunció la dura voz en el radio. "Una lista completa de restricciones se darán a medida que salen de nuestro Führer. Cualquier judío que se encuentre violando cualquier restricción sufrirá el castigo más severo".

Poco a poco, recibimos noticias de amigos y familiares. Cada uno tenía un hijo, un hermano, un esposo, o un padre que fue llevado por los Nazis. Ahora semanas de angustia e incertidumbre nos esperaban. Algunos seres queridos nunca iban a volver. Otros volverían después de semanas o meses con una cantidad de desordenes nerviosos a causa del sufrimiento físico y mental. Con frecuencia, los que fueron llevados eran intelectuales o profesores, porque los SS de Hitler y el Gestapo tenían un fuerte odio hacia éstos. Los secuaces de Hitler, sin educación y mediocres en inteligencia, despreciaban aún a los hombres que llevaban lentes. Una lista de intelectuales educados fue publicada y estos hombres recibieron el peso del primer ataque. Los principales hombres que dirigían la SS incluían Heinrich Himmler, Reinhard Heydrich, y Adolfo Eichmann. Estos tres nombres llegarían a ser sinónimos con terror a sangre fría.

El desespero de Hela seguía a causa de su falta de fe en Dios. Aun Mamá trataba de consolarla con pasajes de la Biblia que había aprendido del Pastor Hornig.

"Hela, el Pastor Hornig está en contacto con una organización que quiere ayudarnos. Se llama La Organización Pro-Cristianos no-arios y Cristianos Judíos. El dice que están esperando podernos enviar pronto a Inglaterra, y que la iglesia nos ayudará con nuestros gastos. Tenemos que orar que todo esto se pueda hacer rápidamente. Alemania no tiene mucho tiempo ya".

Entonces oramos cada día que el proceso pudiera adelantarse y que se abriera un camino para nuestra emigración. Dios había sacado a Su pueblo de la mano de muerte de Faraón; El nos podría librarnos a nosotras también. Mientras teníamos esperanza, podríamos aguantar cualquier cosa.

> Estimada Sra. Dittman:
>
> Lamentamos tener que informarle que están desalojándole de su apartamento. Es un esfuerzo para limpiar nuestro vecindario. Usted será enviada a un vecindario judío donde le han conseguido un cuarto. Tiene veinte días para reportarse en 1298 Calle Van Duesen. La falta de cumplir con esto dentro del asignado período de veinte días resultaría en consecuencias serias.

La voz de Mamá era seria al leernos la nota: "Vecindario judío" es solamente un término suave para 'ghetto'," nos dijo. "Está ubicado en medio de la cuidad. Conozco la dirección. Está lleno de ratas y tiene condiciones pobres. Pero por lo menos estaremos más cerca al Pastor Hornig y la iglesia. Ustedes tendrán un largo viaje al colegio. Sin duda, de todos modos Hitler lo va a cerrar pronto".

"Está bien", Mamá", contesté, buscando las palabras apropiadas.

"Pienso que la familia de Eric Sandberg son los que cuidan allí", dijo Mamá, buscando ver el lado positivo. "Los conocí muchos años atrás. Es una buena familia judía y sus hijos, Rudy y Ernesto, tienen más o menos las edades de ustedes. Tal vez tendrán otra vez compañeros de juegos. Al estudiar la cara de Mamá, vi como se había envejecida en los últimos pocos años.

"No podemos llevar nuestros muebles", añadió. "Tendremos que vender todo lo que no es absolutamente esencial, aún nuestros animales de peluche. Lo siento, Anita". Me sentí triste pero traté de esconderlo de Mamá. Ella ya tenía suficiente sufrimiento como para partir su corazón.

"Tendremos que dejar atrás sus libros también, Hela. Todas tenemos que hacer el sacrificio".

Iba a ser aún más difícil despedirnos de nuestras amistades en el edificio. Algunos todavía no tenían noticias de algunos de sus seres queridos.

Oímos otro toque en nuestra puerta. Mamá abrió la puerta, para encontrar allí una enana anciana ojerosa. La señora se sostenía incómodamente sobre un bastón, y temblaba del frío en nuestros pasillos sin calefacción.

"¿Pudiera venderle algo de hilo hoy?" rogó con voz y ojos.

Sin pensar dos veces, Mamá invitó a la ancianita a entrar. Vimos que estaba vestida con tres bufandas rotas y un abrigo roto y rayado. No tenía protección para sus delgados zapatos cubiertos de nieve. Sus manos, sin guantes, estaban rojas y agrietadas.

"Favor de pasar," le animó Mamá. "Te voy a dar una tacita de chocolate caliente".

Observé como se iluminó la cara de la mujer. Entró cojeando por la puerta, llevando la pequeña bolsa de los chécheres que vendía.

¿Me permite servirte algo de comida?" insistió Mamá. Sabíamos que lo que Mamá le iba dar era nuestra ración de comida para el día siguiente. Era difícil expresar caridad cristiana cuando se trataba de nuestra ración limitada de comida. Mamá ni esperó la respuesta de la ancianita, sino que le dio una tajada de pan y una pequeña olla de verduras. Hela y yo vimos como nuestra comida para el día siguiente se consumió por la enanita. Después Mamá sacó unas pocas monedas para comprar de ella algo de hilo. Finalmente ella despidió a la mujer dándole sus propios guantes.

"¿Qué comeremos mañana?" yo le pregunté inquieta.

"Dios nos lo devolverá", dijo Mamá. "Pastor Hornig dice que Dios nos devuelve duplicado lo que regalamos, Anita". El día siguiente la Sra. Schmidt nos visitó de nuevo.

"Hilde", anunció al empujar nuestra puerta con una bolsa llena de comida, "Dios me lo puso en el corazón que les trajera esta comida hoy". La aroma de sopa casera, pan recién horneado, y algo de fruta casi nos puso en un éxtasis. Ella nos había llevado suficiente cantidad como para varias comidas. Dios más que duplicó la cantidad de comida que Mamá había regalado, y su fe en Dios tomó un paso gigantesco ese día.

Dos días después de la Navidad, pasamos a nuestro nuevo lugar. Habíamos regalado casi todas nuestras pertenencias. En realidad, dejé mi niñez atrás allí, pero de todos modos no había tenido mucha oportunidad de disfrutarla en la Alemania de esos días. Escondí mis lágrimas para que Mamá no las viera. Tratamos, al contrario, de hablar de esperanzas.

"Bueno, cuando vayamos a Inglaterra tendremos que dejar todo atrás" dije, secando rápidamente una lágrima.

Eric y Rosa Sandberg nos saludaron en la puerta de nuestra nueva vivienda. Su hijo Rudy tenía quince años y Ernesto tenía diecisiete. Los Sandberg eran judíos ortodoxos muy antiguos amigos de Mamá, y Mamá temía que no nos aceptarían ya que creíamos en Jesús. Pero ellos resultaron ser gente amorosa y amable. Ellos compartieron la Pascua y otras celebraciones judías con nosotras, y como Mamá, Hela y yo hablamos algo de yiddish, nos acomodamos bien. Ellos hicieron más pasable nuestro cambio de hogar. Hela y Ernesto llegaron a ser inseparables, y Rudy y yo llegamos a ser buenos amigos a pesar de que él me llevaba cuatro años.

Nuestro nuevo hogar era una estructura de dos cientos años, hecha de piedra café. Ráfagas de aire frío entraban por los vidrios agrietados. Nuestra vivienda de un solo cuarto no tenía refrigerador, de modo que teníamos que comprar nuestra comida a diario, haciendo necesario pararnos en largas filas.

Subimos carbón del sótano para el inadecuado calentador, y colgamos la ropa lavada en una cuerda que cruzaba el cuarto. Teníamos una sola tina que servía para lavar la loza, nuestra ropa, y nuestros cuerpos. Utilizamos un pequeño baño juntamente con otras familias, y compartimos una

Una Raza En Desgracia

pequeña estufa con una familia. Ellos cocinaban primero, de modo que muchas veces comíamos tarde por las noches. La incomodidad más grande, sin embargo, eran los chinches molestos que infestaban nuestro cuarto, haciendo imposible dormir bien por las noches.

Ese invierno los Nazis tomaron otra medida para degradar a los judíos. En la opinión de Hitler, los judíos más peligrosos eran los que no tenían apariencia judía. Era peligroso que se asimilaran en la sociedad alemana, de modo que todos los judíos fueron forzados a cargar en la ropa una estrella amarilla de David para hacer más fácil su identificación. Mamá protestó fuertemente al Gestapo, demandando que la excluyera de esa regla porque su esposo era Alemán, y también porque nosotras creíamos en Jesús. Milagrosamente el Gestapo nos dio una exclusión temporal, pero nos recordaron que todavía nos consideraban judías y así tendríamos que obedecer las mismas restricciones como los demás.

Un parche con la Estrella de David llevado por los judíos durante la ocupación Nazi

Pero todos los de la familia Sandberg tenían que llevar bordada en su ropa una estrella amarilla. Por lo tanto, ellos casi nunca salían del edificio porque la estrella incitaba varias clases de persecución.

Nosotras seguimos optimistas, porque estábamos seguras que era solo cuestión de tiempo hasta alzar vuelo a la libertad en Inglaterra.

Tres

ATRAPADAS

Nubes de guerra pesaban sobre Alemania a principios de 1939, y oramos otra vez por un rápido milagro que nos diera la libertad. Nos dimos cuenta que los judíos no eran los únicos perseguidos. Hitler lentamente estaba exterminando en Alemania a los enfermos, los ancianos, los dementes, y retardados mentales como parte de su plan para construir una raza aria perfecta.

Ahora la prensa con frecuencia repetía la palabra Judenrein ("libre de judíos") cuando ciudad tras ciudad sacaba su población judía. En cada lugar limpiaban sus manos cuando por fin el último "judío sucio" fue sacado de él o enviado a un campo de concentración. Millones más de judíos fueron amontonados en sucios guettos.

Finalmente Hitler cumplió su promesa, y cerró los colegios privados. Mi corazón sintió dolor porque eso significaba que tendría que volver a la escuela pública, si consiguíamos la matrícula. Sabía que otra vez iba a enfrentar la persecución. Aún mi fe en Jesús no pudo quitar mi depresión durante varios días, porque yo sabía que el abuso iba a ser cien veces peor de lo que había sido unos años atrás.

Noticias de aún más desastres llegaron: la oficina de la Organización de Ayuda para Cristianos no-Arios y Judíos Cristianos fue quemado por los Nazis. Con eso todos los archivos fueron destruidos. Tendríamos que volver a hacer la solicitud, con otros largos meses de espera.

Las luchas de existencia en el ghetto, las noticias malas y la experiencia en la escuela pública se unieron para formar una verdadera pesadilla. Mis maestros de la escuela pública no eran sino máquinas de enseñanza, robots Nazis; y los libros del alumno se volvieron a escribir como textos de propaganda. Teníamos que estar parados en posición firme y gritar con entusiasmo "¡Heil Hitler!" Aunque el Pastor Hornig pagó mi pensión, no pudimos comprar los libros de texto, ni me daban ninguno en la escuela. De este modo, era imposible hacer mis tareas y pronto mis notas se desplomaron. Los maestros aprovecharon de esta situación para burlarse de mí constantemente frente a la clase.

Mi vida era una mezcolanza de altibajos, semejante a la misma Alemania Nazi. Rudy y Ernesto pudieron viajar y encontrar seguridad en Inglaterra, y el día de su salida se cumplió con lágrimas de gozo. Mamá, Hela, los Sandberg y yo esperamos reunirnos con ellos en Londres dentro de unos pocos meses. Más adelante, resultó que los Sandberg no iban a llegar más lejos que al Campo Theresienstadt.

Recibimos la noticia que nuestros papeles estaban en trámite, y así el escape prometido llegaría pronto. Estábamos nerviosas con la expectación,

Anita tenía 12 años en esta foto, Hela casi 17—1939

porque esperábamos tener nuestras visas y pasaportes antes de julio. Trabajábamos fervientemente en nuestro inglés y pasamos las durezas de la vida con más facilidad, porque todo se puede aguantar cuando hay un fin esperado en el futuro.

Al llegar julio, cada día me encontraba sentada en las escaleras frente a nuestra puerta horas antes de llegar el cartero. ¡Tal vez hoy llegarían nuestros pasaportes que nos llevarían a la libertad! La espera era casi intolerable mientras el mes pasó lentamente. Pero por fin, el último día de julio, recibimos ese sobre con apariencia oficial. Lo cogí rápidamente del cartero y casi me desnuco corriendo escaleras arriba para buscar a Mamá....

Pero ya encontramos que solo Hela iba a poder escapar a Inglaterra. *Mamá y yo estábamos atrapadas.*

En otoño, la guerra ya empezó plenamente. Alemania avanzaba confiada, optimista con su victoria rápida sobre Polonia. Al trío espantoso y diabólico de Adolf Eichmann, Reinhard Heydrich, y Heinrich Himmler, les fueron ordenado encontrar una "solución final al problema de los judíos". Con eso se entendía que la solución final significaba el exterminio total.

Los nombres de Auschwitz y Dachau, dos de los campos más mortales, iban a inspirar el mismo terror en todos los judíos de Europa. Rudolf Hoss fue puesto sobre el genocidio de Auschwitz. Bajo sus ordenes, se matarían por gas dos mil judíos a la vez. Mientras hombres, mujeres, y niños fueron empujados juntos a cuartos de "duchas", algunos recibían una señal en código que indicaba que tenían dientes con oro. Cuando ellos se dieron cuenta que no estaban allí para ducharse, gritaron y clamaron por misericordia, pero sus gritos cayeron sobre oídos sordos. Los guardianes se reían mirando por ventanillas como la gente sufría y moría. Historias horrorosas empezaban a salir de varios campamentos, causando inconcebible terror entre los judíos de Europa, porque sabían que potencialmente todos iban a ser víctimas de las cámaras de gas.

En 1939, los Alemanes empezaron a experimentar un temor propio mientras el país buscaba socorro en los refugios antiaéreos. Las bombas todavía no caían en Alemania, pero se hacían los ensayos. Los hogares y los negocios cumplían con las reglas de apagones, y aviones con frecuencia cruzaban los cielos alemanes, aunque no dejaban caer armas mortales.

Los libros más costosos y la subida en la pensión de la escuela, junto con el aumento del anti-semitismo, hicieron mi vida escolar más triste y pusieron en duda mis futuros estudios. Además, las condiciones de nuestro hogar eran difíciles. Dos hermanas de mi mamá llegaron a vivir con nosotras en nuestro único cuarto, y teníamos que compartir la cocina y el baño aún con más familias. Las hermanas de Mamá—Tía Friede y Tía Elsbeth—se sentían muy molestas por mi fuerte fe en Jesús y el interés creciente en El de parte de Mamá. Sus regaños, unidos con los chinches molestísimos del apartamento hicieron la vida una carga. Le di a Tía Elsbeth mi cama y yo dormía en un incómodo sofá infestado con chinches, durmiéndome cada noche mientras mis tías discutían con mi mamá. Tía Elsbeth insistió que yo deliberadamente había puesto chinches en su cama solamente para atormentarla.

Ahora yo tenía doce años y estaba entrando en la adolescencia. La vida de Alemania Nazi aumentaba mis dificultades. Muchas veces cuando se apagaban las luces en las noches, me entregaba a la auto-conmiseración, y lloraba hasta dormirme. Yo sabía que iba a ser un invierno muy largo con raciones mínimas de comida, condiciones de vivienda muy pobres, y por encima de todo el temor de que llegara el golpe en la puerta de la Gestapo.

Más y más, los judíos temían salir a las calles. Aunque todavía Mamá y yo habíamos podido evitar llevar la terrible Estrella de David que mostraría nuestra herencia, el hecho era que la Gestapo sabía quienes eran todos los judíos en la ciudad. También Breslau tenía la reputación de ser un centro pro-Hitler y anti-semítico.

Casi no nos atrevíamos a asistir a la iglesia del Pastor Hornig. Las escenas macabras que veíamos en los caminos nos daban pesadillas en las noches, mientras nuestras subconsciencias revivían las escenas: Judíos por centenares empujados a subir camiones mientras miraban con ojos vidriosos de temor, al ser separados de sus seres queridos.

Como vivíamos en un ghettto judío, al mirar por nuestra ventana, podíamos ver casi cada día las mismas escenas en las calles abajo. Al ser identificadas como Judías Cristianas que asistían a una iglesia protestante, recibimos más tiempo libre, pero ahora que vivían dos "Judías religiosas" con nosotras, Tía Friede y Tía Elsbeth, algo de nuestra protección desapareció.

Finalmente, al atrasarme demasiado en la escuela ese invierno por falta de textos, dejé de estudiar.

Cuatro

"UNA MARAVILLOSA CRISTIANA…"

El Pastor Hornig, nuestro único amigo fiel y contacto con el mundo normal, me trajo noticias alentadoras a principios de la primavera de 1940.

"Anita", dijo con actitud paternal, "He estado en contacto con una señora Michaelis en Berlín. Es casada con un abogado judío cristiano que acaba de huir de Alemania a Shanghai. Sus dos hijos se escaparon a Londres y se siente desesperada por la soledad, sin un hijo en la casa. Si tu fueras a vivir con ella, dice que pagaría todos tus estudios en Berlín. Puede ser un poco más seguro para ti en Berlín, entonces pienso que debes considerarlo".

Miré a Mamá, pero ella no me dio ninguna señal de sus sentimientos. Obviamente quería que fuera mi decisión, aunque la separación significaría tristeza para ambas. Mis tías caminaban nerviosamente por el cuarto, esperando que yo aceptara la oferta para que hubiera más espacio en el triste apartamentico.

"Es una mujer adinerada", continuó el Pastor Hornig, "de modo que podrías conseguir la alimentación que necesitas. Ella tiene un apartamento lindo en Berlín, y dice que te dejaría volver a casa con frecuencia para visitar a tu mamá. Pienso que es una hermosa cristiana, Anita. Tú debes procurar hacer la vida en Alemania más fácil para ti hasta que te la podamos sacar".

Iba a encontrar que ésta fue una de sus pocas equivocaciones. Débilmente asentí con la cabeza, pero un diluvio de temores me inundaron—temor a lo desconocido, de dejar a Mamá, o que la una o la otra fuera llevada por el Gestapo sin el conocimiento de la otra. Eran temores que nadie más que Jesús podía comprender, temores que ninguna niña de doce años debe tener que afrontar.

"Iré," dije quedamente, casi en un susurro.

"Bien", contestó el Pastor Hornig. "Haré los arreglos inmediatamente. Puedes planear salir a principios de la semana entrante, Anita. La Sra. Michaelis te enviará tu boleta para el tren. Está ansiosa en conocerte. Dijo que siempre había querido tener una hija".

Sentí escepticismo en todo mi cuerpo. ¿Qué tipo de persona en su sano juicio aceptaría los problemas que le vendrían al identificarse con los judíos?

"¿Tú estarás pendiente de Mamá, verdad?" le pregunté al pastor.

"Por supuesto", contestó con entusiasmo. Viendo que yo no estaba convencida en cuanto a la decisión, el Pastor Hornig siguió hablándome de la sabiduría de mi decisión.

"Anita", dijo con compasión, "voy a seguir haciendo todo lo posible para sacarte de Alemania. Hitler no hace muchas equivocaciones en la guerra, pero cuando pasa, él las cobra a los judíos. El culpa a los judíos repetidas veces por causar esta guerra. Breslau es uno de los centros de apoyo de Hitler, pero todavía permite a unos pocos judíos salir del país. Si hay manera de sacarte a ti y a tu mamá, la voy a encontrar.

Con estas palabras de consuelo de la esperanza de libertad, Pastor Hornig salió del apartamento.

Toda esa noche hice vueltas en el viejito sofá. Cobijas calientes de lana, sábanas limpias, comida suficiente, y el estudio no podrían remplazar a Mamá, cuya ausencia en mi vida era casi imposible imaginar. Íbamos a estar separadas por muchas millas—¿qué tal si le arrestaran? ¿Y sería Berlín más seguro que Breslau? Berlín era tres veces más grande, entonces iban a tener tres veces más agentes de la Gestapo para arrestarme y enviarme a Auschwitz. De alguna manera tendría que poner todas mis incógnitas y dudas en las manos de Jesús. El tendría que ayudarme a tragar las lágrimas que sentí llegar, y dar sosiego a mi corazón que dolía al pensar en la separación.

Pronto me preguntaba cómo pudo haberse equivocado tanto, el Pastor Hornig. El apartamento caliente, alfombrado y cómodo de la Sra. Michael, con los acostumbrados lujos dados a un abogado alemán, nunca podrían compensar la frialdad de su corazón. Ni aún la privacidad de mi propia alcoba con una muchacha a mis órdenes podía llenar el dolor de mi corazón, por la falta de cariño y afecto, que no existían en el ambiente estéril de su casa en Berlín. La Sra. Michaelis compensaba su vida solitaria e infeliz llenando su vida de los pocos lujos que todavía podría encontrar en la Alemania Nazi. Ella contrató a un sastre que pasaba los días cosiendo y alterando su vestuario. El sastre tenía un ritmo frenético porque la figura amplia de la Sra. Michaelis seguía creciendo cada semana mientras ella comía para sosegar su soledad.

Una mujer fría y taimada, ella ostentaba un cristianismo pomposo. Su obesidad deformaba su cara y la hacía parecer diez años más anciana que sus cuarenta y cinco. Nunca se reía ni sonreía, y yo estaba convencida de que solo quería que yo estuviera allí para ella poder infligir sus agresiones sobre alguien. Con su manera autoritaria dura, me gruñía literalmente cuando pedía la cosa más mínima. En poco tiempo, vi que yo era una inconveniencia muy grande para ella pero que probablemente me tendría como una verdadera prisionera, porque eso le daba cierto placer diabólico.

"Una Maravillosa Cristiana"

Parecía que toda Alemania Nazi estaba loca. Lo absurdo e inconveniente de la vida hacía muchas mentes enloquecerse. Pero mis estudios me significaban tanto, el aguantar la vida donde la Sra. Michaelis me permitió estudiar en un buen colegio de Berlín. Oraba día y noche que la Sra. Michaelis empezara a portarse como la buena Cristiana que pretendía ser.

Desde mi primer día allí con ella, vi que mis raciones de comida iban a ser apenas poco mejores que las que había tenido en Breslau. La muchacha cada mañana me enviaba al colegio con solamente un emparedado de pepinos. Yo podía entender que la Sra. Michaelis usaba mi tarjeta de raciones para conseguir más comida para sí. Yo casi nunca probé la comida que supuestamente era para mí. Mis pequeñas raciones de carne se daban a su sastre.

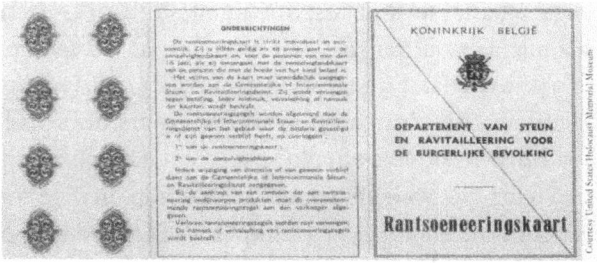

Una tarjeta de racionamiento

El milagro siempre presente en mi vida era la mano de Dios sobre mí, de protección y provisión. Conocí a otra cristiana, Rut Conrad, en el colegio. Rut a menudo compartía las raciones de su familia conmigo. Pero como ellos casi ni tenían lo suficiente para sí, la poca comida que me compartía no podía evitar mi creciente desnutrición.

Las promesas de la Sra. Michaelis de enviarme con frecuencia a mi casa no se cumplieron. Aunque mi corazón físicamente se dolía por volver a casa, pensé que tal vez era mejor no hacerlo, porque Mamá se preocuparía por mí si supiera de mis luchas en Berlín. Le escribí cartas positivas para que no tuviera la carga adicional de preocuparse por mí. Y por mi parte, vivía por las cartas de ella que me comentaban como leía su Biblia y consideraba las palabras de Jesús. Con noticias así, me sentí segura de poder aguantar lo que fuera.

Dios en Su gracia me bendijo esa primavera con una maestra Nazi que se arriesgó a quererme. En realidad, solo era miembro del Partido Nazi porque todos los licenciados de PhD. tenían que serlo—por apariencia al partido. Aunque la Dra. Steit no tenía fe en un Dios personal, con cortesía me escuchaba cuando le compartí la fortaleza que Jesús me daba.

Temblé un día entero cuando sentí que tenía que comentarle de mi herencia judía. Pero al decírselo incómodamente un día después de clases, ella solamente sonrió levemente y contestó sencillamente, "Lo sé, Anita, y no importa. Todavía quiero ser tu amiga".

Era otra señal que Jesús estaba controlando el caos de la Alemania Nazi y de mi vida. Era como si Dios reafirmara Su amor especial hacia mí, permitiéndome tener una maestra que me quería a pesar de todo. Ella se arriesgaba bastante al dejarse ver conmigo después de las clases cuando le acompañaba al tranvía, y en las mañanas cuando yo llegaba temprano solo para charlar. En general, evitamos hablar de la política, y no le interesaba realmente el Cristianismo, de modo que a veces hablábamos solo trivialidades. Pero no importa, lo valioso era que me escuchaba en cualquier otro tema que yo quería tratar, incluyendo mis irreales sueños de adolescente que nunca llegarían a cumplirse en la Alemania Nazi.

Al llegar el verano de ese año, el Führer se había hecho dueño de la parte oeste de Europa, invadiendo Dinamarca, Noruego, Bélgica, Holanda, Luxemburgo, y Francia. Todos ellos caerían antes de terminar ese año. Parecía que Italia entraría a la guerra como aliado de Alemania, pero mientras Inglaterra no fuera vencida en la guerra, Alemania no tendría una victoria plena sobre el Occidente. La resistencia inglesa se fortaleció ese año durante la primavera y el verano bajo el liderazgo incomparable de Winston Churchill. Inglaterra enviaba sus aviones en números cada vez más grandes sobre los cielos alemanes. Cuando los Alemanes atacaban las ciudades de los Aliados y hundían barcos aliados, Inglaterra empezaba las represalias, enviando bombas contra Alemania, y ella empezó a derretirse en sus ciudades incendiadas.

Ese agosto oímos noticias terroríficas: Alemania había bombardeado un sector residencial de Londres, entonces las noticias llegaron que las Fuerzas Aéreas Británicas, como represalia, iban a atacar a Berlín. Así la guerra llegó a casa en Alemania, y los refugios antiaéreos llegaron a ser mi hogar fuera del hogar. Si la vida para la gente alemana antes había sido inconveniente, ahora ya era una horrible pesadilla. El sitio empezó en Berlín, pero pronto todo el país iba a estar en ruinas.

Cuando empezaban los bombardeos, nosotros los niños pensamos en los ataques aéreos como solamente tormentas peligrosas, cuando todo el mundo se congregaba en los refugios, o sea, en los sótanos. Al principio los Ingleses atacaban solamente los centros del gobierno en Berlín. Sin embargo, a veces las sirenas estridentes interrumpieron nuestro sueño liviano hasta tres veces en la misma noche. Cada vez, nos tocaba correr rápidamente al refugio debajo de nuestro edificio de apartamentos.

Nosotros los niños nos sonreíamos porque sabíamos que, al haber más de un ataque por noche, no tendríamos clases el día siguiente. A las 3:00 a.m. los bombardeos terminaban y volvíamos a casa. El día siguiente recogíamos fragmentos de bombas, haciendo un juego de ver quién podría recoger más. Nuestros hogares y apartamentos todavía no estaban en pedazos, pero nuestras paredes temblaban y se levantaba el polvo.

De todos modos, los ataques nos afectaban. Los Alemanes se cansaban por falta de sueño y los refugios eran húmedos y fríos. Al arreciar la guerra, las condiciones de vida se deterioraban. Pero ningún Alemán leal quería dejar pasar por su mente el desaliento o temor al fracaso. Era inaceptable. ¿Qué del Reich de mil años? Hitler seguramente tenía todo bajo control; todo esto era solamente una inconveniencia. Era un precio pequeño que pagar por la Patria y los días gloriosos que esperaban el Reich.

Yo había guardado la esperanza que los miembros de la iglesia de la Sra. Michaelis podrían remplazar a los maravillosos creyentes de la Iglesia Luterana de Sta. Bárbara de Breslau. Desafortunadamente, la Sra. Michaelis era típica de los miembros de su iglesia. Por mi experiencia con los creyentes de la iglesia del Pastor Hornig, había pensado que todo Cristiano tendría el mismo espíritu de amor como ellos tenían. Pero ahora me encontré con una clase de Cristianismo falso que permitía la reunión de miembros de la iglesia como un grupo social que sólo usaba el lenguaje de un Cristiano verdadero.

Finalmente, ese verano mi cuerpo desnutrido empezó a rebelarse. Mirándome en el espejo grande del sastre, vi claramente lo que mi ropa me había dicho: estaba demasiado delgada, y mi cabello se caía por la desnutrición. La Sra. Michaelis no le daba importancia, diciendo que solo era cuestión de ser adolescente en crecimiento. Pero la verdad era que yo solo recibía una tercera parte de la comida y las vitaminas que necesitaba a diario. Mi amiga Rut trató de compensar todo eso, regalándome más de las raciones de su familia. Ella se arriesgaba mucho al identificarse abiertamente como mi amiga, porque podría recibir serias represalias.

"No puedo verte muriendo de hambre", insistía casi a diario. "Mi familia sencillamente tiene que contentarse con menos". Mi estado de desnutrición se habría empeorado mucho antes y habría sido mucho más severo si no hubiera sido por la familia Conrad.

A medida que la Sra. Michaelis mermaba mis raciones, aumentaba su abierta hostilidad. Temprano una mañana, ella anunció, "Anita, quiero que tú te niegues a todo placer mundano. Estoy tratando de enseñarte eso, tú sabes, y será para tu bien al final".

"Pero, Sra. Michaelis", protesté, "no tienes que enseñarme algo de lo cual ya sé bastante. Como puedo negarme algo que nunca he tenido. A causa de Hitler, nunca he conocido los placeres mundanos".

"De todos modos, seguiré enseñándote la auto-abnegación", dijo. "Es bueno para todos nosotros".

"Pero tú no te niegas las cosas", le dije.

"¡Por supuesto lo hago! Quiero que sepas que siento una tristeza muy terrible, Anita Dittman. Me carcome noche y día. Soy Aria, pero me equivoqué al casarme con un Judío, y pagaré el precio el resto de mi vida".

"No escogí a mis padres, Sra. Michaelis, pero pagaré mi existencia todo el tiempo que viva en Alemania", contesté.

Al hablar, me sentí muy caliente, y reconocí los síntomas de una fiebre. La falta de sueño, una dieta insuficiente, y el agotamiento emocional me hicieron blanco fácil de un virus muy serio. La Sra. Michaelis me mandó a cama diciéndome, "Mantente en cama, Anita, con las luces apagadas. No vengas a la mesa para las comidas. No queremos que tu enfermedad nos contamine a nosotros".

Esa semana, la muchacha solamente empujaba ollas de cereal por la puerta de la alcoba, y rápidamente la cerraba. "Dígame cuando termina", decía, "y ponga los platos fuera de su puerta".

"Una Maravillosa Cristiana"

Casi trasboco la sobredosis de cereal frío con leche tibia cada día. Aunque sabía que Jesús estaba muy cerca, a veces me sentía demasiado sola y abandonada. Necesitaba a Mamá. Cuando estaba enferma, siempre me llevaba lápices y papeles para que yo pudiera dibujar. Ella me visitaba con frecuencia y ponía su mano fresca en mi frente. Ahora yo tenía más hambre del calor emocional que de comida, y durante varias horas estaba segura que Dios me había dejado para atender a batallas en otra parte.

Mis raciones de comida seguían mermando, de modo que por fin protesté a la Sra. Michaelis.

"¿Son mis raciones de hambre parte de tu plan para enseñarme la auto-abnegación?" le pregunté con denuedo. Su cara se volvió roja con la ira y sus ojos me miraron violentamente. Ella era como un volcán enfurecido, con la amargura de un matrimonio fracasado y la pérdida de sus hijos.

"Anita Dittman, ¿quién piensas que yo soy? ¿Piensas que soy una mujer cristiana que quiere ayudar a niños necesitados o una persona fría que se desquita sus frustraciones con niños indefensos?"

"Eres la segunda", dije con calma.

Me miró durante unos segundos, aturdida por mi franqueza. Sus músculos faciales se volvieron más tensos. Mientras se hinchó de ira, su cuerpo corpulento estiró las costuras de su ropa.

"¿Cómo te atreves a decir semejante cosa?" replicó, haciéndome una mueca. "Te doy una semana para que me pidas perdón o te echo a la calle, malcriada. Tendrás que volver a Breslau donde recogen a personas como tu por centenares. La educación excelente que te estoy dando terminará. ¿Una semana, entiendes?"

Aunque mi opinión no cambió, pedí perdón y seguí en el colegio.

Los ataques aéreos se intensificaron en el otoño de 1940, cuando Berlín recibió el peso de los bombardeos de los Aliados. Mientras las bombas caían cada vez más cerca a casa, el juego de guerra ya no era divertido. La curiosidad de niños y fantasías sobre la guerra cambiaron a gritos de temor y pánico mientras las bombas destruyeron apartamentos y casas. Los refugios antiaéreos ya casi no servían contra un ataque directo, porque una bomba podría penetrar diez pisos hasta el sótano y sepultar a centenares de víctimas. Mientras Hitler intensificaba la guerra en la frente de batalla, los Aliados intensificaban su reino de terror desde el cielo.

Algunos residentes rehusaban ir a los refugios porque los consideraban grandes tumbas. Se quedaban en sus hogares y se escondían tras las cosas allí. Los que Dios milagrosamente protegió sobrevivieron entre escombros y llamas, pero finalmente medio millón de personas iban a perecer por las bombas lanzadas contra Alemania.

La vida en los refugios era precaria. No podíamos movernos demasiado por temor a usar demasiado oxígeno. Aun cuando las bombas explotaban a nuestro alrededor, nos cuidamos de no decir nada contra los Nazis, porque en cualquier refugio podrían estar Nazis leales.

Vivía por las cartas de Mamá que me aseguraban que ella, y tías Friede y tía Elsbeth estaban bien. Otra hermana, tía Käte, había pasado a vivir en el apartamento, y me imaginaba las tres hermanas egoístas molestando las unas a las otras. Eran impacientes e intolerantes y especialmente críticas del interés de Mamá en Cristo. Ahora yo había decidido que el estudio no se justificaba que me quedara en Berlín. Estaba lista a aguantar hasta las molestísimas chinches, si podría tener el amor de Mamá y el Pastor Hornig, y escaparme de los ataques aéreos de Berlín.

Mientras los vientos del invierno empezaban a soplar, me hacían más falta que nunca Mamá y lo familiar del hogar. La Navidad se aproximaba y aunque la Sra. Michaelis me prometió que mi iba a enviar a casa para la temporada, sabía que ella podría cambiar de opinión en cualquier momento.

Y llegó el día a principios de diciembre cuando el director de mi colegio me dio una nota: "Porque es de herencia no-Aria, no podrá asistir más a clases en este colegio".

"Jesús, ¿qué mal he hecho que Tú me niegas todo?" rogué al caminar al apartamento esa tarde. Tampoco pude encontrar a Rut Conrad o la Dra. Streit para recibir algo de consuelo. Me pareció que tendría que aguantarlo todo yo solita. Mis ojos lagrimaban a causa del viento frío pero también de la desilusión que sentí. Las mejillas me dolían por las lágrimas que casi se quedaban congeladas. Decidí llamar al Pastor Hornig y derramar mis problemas delante de él, a la vez esperando que él no dijera nada a Mamá y así preocuparla.

La Sra. Michaelis no estaba cuando llegué al apartamento. Sin quitarme el abrigo, y con la nota del director en mi mano, marqué a la

"Una Maravillosa Cristiana"

iglesia de Sta. Bárbara, esperando que el Pastor Hornig estuviera. Las emociones que yo sentía estaban por derramarse. Con trece años, yo lidiaba con la confusión de la vida en Alemania y también los cambios de mi adolescencia. Necesitaba un adulto cristiano que entendiera las necesidades de mi corazón.

El teléfono timbró varias veces antes que yo oyera la voz familiar del único hombre en el mundo que realmente tenía cuidado de mí. Al oír su amable voz, mis emociones se desbordaron.

"¡Quiero volver a casa!" expresé, mientras las lágrimas corrían por mi cara. "Pastor Hornig, ayúdame a volver a casa".

"Anita, ¿eres tú?"

"Sí, y no me importa el estudio ni nada más sino estar con Mamá. Ella es todo lo que tengo en este mundo confuso. Nos necesitamos".

"¿Qué ha pasado? ¿Por qué estás llorando?"

"No puedo volver al colegio aquí", contesté. "Me dieron una nota hoy diciéndome que no puedo volver porque no soy Aria".

"Lo siento, Anita, me duele mucho. Pero todos en Alemania estamos sufriendo, no solo tú. Los Cristianos sufren, los judíos sufren, y aún los simpatizantes de los Nazis sufren".

"Pastor Hornig, la Sra. Michaelis ha sido cruel. Mi amiga Rut Conrad dice que sufro de la desnutrición porque siempre estoy cansada y débil, y se me está cayendo el cabello".

"¿Por qué no habías dicho nada antes?" preguntó alarmado el Pastor Hornig. "Yo habría hecho algo, Anita, y habría arreglado las cosas".

"No quería que Mamá se preocupara por mí. Ella ha tenido suficiente lucha cuidando a sus hermanas. Pero va a estar muy triste cuando me ve, porque he perdido mucho peso. Necesito que tú le prepares para verme".

"Anita, empaca tus cosas y vuelve a casa. Pide que la Sra. Michaelis te lleve a la estación de tren esta noche. Dígale que la iglesia pagará tu tiquete de regreso. Pienso que sé de alguien en la iglesia que te ayudará con tus gastos de estudio aquí en Breslau. Además, Breslau no recibe ataque de bombas. Había querido que salieras de Berlín por eso. Te recogeré esta noche, Anita, en la estación del tren. Oye, no te preocupes. Todo saldrá bien. Te amamos y haríamos cualquier cosa por ti".

Oí las mágicas palabras "¡Vuelve a casa!" La pesadilla de los últimos meses se desvaneció al pensar en el regreso a casa y estar allí a tiempo para celebrar la Navidad. ¡No importaban los chinches! ¡No importaba el mal genio de la Tía Käte. Aún si tuviera que usar la estrella amarilla de David que me señalaría como Judía y ser más despreciada que un convicto de la cárcel, eso no importaba. Si los Aliados mandaran bombas sobre Breslau, por lo menos Mamá y yo estaríamos juntas. Si nunca estudiara más allá del séptimo grado, no me iba a preocupar.

Todo lo que importaba era la vida y el tiempo con los seres queridos de uno. Cuán agradecida estaba con Dios por haberme mostrado Su amor a través de la compasión de Mamá y del Pastor Hornig.

Cinco

"¡ABRAN LA PUERTA!"

Me era difícil recobrar las fuerzas, aunque estaba otra vez en casa. Las raciones de comida mermaban casi semanalmente, hasta que ya apenas comíamos una sola comida al día. Todos tenían que apretar sus cinturones más por la gran cantidad de comida que se enviaba a los soldados alemanes en las líneas de batalla.

Las tropas de asalto de camisas pardas marchaban por las ciudades, aterrorizando a todos y haciendo la vida imposible para los judíos por la burla o por actos de brutalidad. En todo lugar se mofaban de los judíos y los golpeaban, y en forma indiscriminada mandaban a prisiones familias enteras. Los amontonaban en vagones de ganado de ferrocarril y los enviaban a destinos secretos por todos lados de la tierra alemana.

El Pastor Hornig dijo que un miembro anónimo de la iglesia había pagado todas mis clases y libros en el Gimnasio Konig Wilhelm en Breslau. Pero Mamá y yo estábamos seguras que era la misma familia Hornig que había hecho el sacrificio. La tensión era fuerte en la escuela y en el hogar, porque mis tías peleaban constantemente.

Camino al colegio veía letreros gruesos en casi cada almacén o tienda que proclamaban: "No se admiten judíos".

Otros letreros advertían a los alemanes evitar a los judíos, que también eran excluidos de teatros, parques, y lugares recreacionales. Por doquiera que yo mirara, podía ver pancartas y carteles con lemas anti-judíos. Muchas mostraban la foto de algún Judío arrestado por un crimen fabricado. En fuerte contraste, parpadeantes luces de neón iluminaban las fotografías de Hitler.

La bandera Nazi se colgaba con orgullo fuera de la mayoría de los hogares en Breslau. Dentro, los alemanes tenían que tener una foto de Hitler en alguna parte de la casa. Hitler presionaba a los pastores cristianos a que pusiera su foto delante de los altares de sus iglesias.

Con tantos hombres alemanes en los campos de batalla, era necesario que las mujeres hicieran sus trabajos. Las calles casi no tenían carros, porque la mayor parte de los autos servían propósitos militares. Como resultado, los tranvías estaban tan atestados como los vagones que llevaban a la gente a los campos de concentración.

La voz estridente y distorsionada de Hitler vociferaba propaganda en la radio casi a diario. Con frenesí, culpaba al "cartel financiera internacional judío" por la guerra, y advertía a los Alemanes que cada Judío vivo era el enemigo principal del Reich. Los judíos no tenían ningún derecho ni podían tener propiedad.

Más y más judíos temblaban detrás de puertas cerradas. Supimos que un hermano y una hermana de Mamá habían sido arrestados y llevados a un campamento. Otro hermano y su esposa se suicidaron antes de tener que enfrentar el sufrimiento de un campo de concentración. Era inevitable que la confiscación arbitraria contra los judíos llegara a nuestro hogar ese invierno.

Mamá intentaba mantener la paz entre sus tres hermanas quejumbrosas. Pero cuando ella buscaba ayudarles, se unían en su contra por su creciente amor hacia Jesús, Quien el Pastor Hornig le había dicho era el Mesías de los judíos. Ella ahora no podía negar el poder de Cristo que veía en nuestras vidas. Ella ya quería hablar de El como algo que fluía en forma natural de su amor. Pero sus hermanas insistían que los seguidores de Jesús eran los que habían atormentado a los judíos desde el primer siglo. Ellas decían que los Nazis eran todos cristianos por ser gentiles y por asistir a iglesias católicas o luteranas. Muchas de esas mismas iglesias ahora habían hecho un compromiso con el Führer, al permitir que su foto fuera puesta en los altares de sus iglesias. Mis tías no veían sentido

"¡Abran La Puerta"

en adorar a Jesús, pensando que solo era un hombre muerto bajo cuyo nombre millones de judíos habían sido perseguidos, torturados, o matados.

"¡Pero esas personas no son verdaderas Cristianas !" insistía, sin entender plenamente la realidad de mi proclamación. "Ellos solamente sirven para manchar el nombre de los Cristianos".

"¡Imposible!" insistió la Tía Elsbeth. "Todos los gentiles son Cristianos".

No podían, o no querían, entender. Tampoco creían al Pastor Hornig cuando nos dijo que numerosos cristianos por toda Europa ayudaban a los judíos, aunque arriesgaban sus vidas al hacerlo. Muchos creyentes fueron enviados a campos de concentración porque habían ayudado a algún Judío en alguna parte del mundo Nazi.

"¡Tú y tu mamá son traidoras a nuestro pueblo!" la Tía Friede decía por lo menos una vez cada día. "Deben de sentirse avergonzadas".

Finalmente Mamá guardaba silencio, pero cada noche sus hermanas la veían abrir su Nuevo Testamento para leerlo. Ellas caminaban por el cuarto, refunfuñando sobre la tragedia de la "ceguera" de su hermana.

Como tuvimos que compartir la cocina con tantas otras personas, de costumbre cenábamos por ahí a las 9:00 p.m. Una noche, a principios de la primavera, cuando apenas nos sentamos frente a nuestra comida, oímos un fuerte golpazo en la puerta. Después oímos esa orden "¡Ábranos la puerta!" como se había repetido antes en otras puertas de nuestro edificio. Dos golpes más fuertes siguieron.

Mamá fue a la puerta, resignándose a abrirla y enfrentar a los Nazis. Se vieron los ojos fríos de dos agentes del Gestapo, que la saludaron con el acostumbrado "¡Heil Hitler!"

Mamá no respondió pero abrió la puerta para darles paso. Mis tías y yo nos sentimos congeladas en nuestras sillas mientras los dos agentes del Gestapo entraron, luciendo con orgullo sus uniformes Nazis y esvásticas.

"Venimos a arrestar a Käte Suessman. ¿Cuál de ustedes es ella?"

"Soy yo," contestó Tía Käte. "¿Qué he hecho?"

Alivio y horror se registraron en la cara de Mamá. Por lo menos no me pedían a mí ni a sus otras dos hermanas que sufrían de mala salud.

"¿Importa la razón para arrestar a un Judío?" contestó el auto-designado vocero de la Gestapo. "Los judíos por su mera existencia merecen ser arrestados. Tiene cinco minutos y no más, para llenar una bolsa de pertinencias. Rápido."

Alejé mi plato de lechuga. Amado Jesús, rogué en silencio, Tía Käte no podrá aguantar la vida en la prisión. Llévala pronto, amado Jesús. Después recordé que Tía Käte no conocía todavía a Jesús, y pensamientos contrarios me llenaron.

"Insisto que me digan por qué le arrestan", dijo Mamá, "y por qué le llevan a ella y no a mí".

"Yo solo les recojo a ustedes," dijo fríamente el agente de la Gestapo, cruzando los brazos con impaciencia. "Yo solo cumplo mis órdenes. No hago preguntas y usted debe hacer lo mismo. Sus vecinos los Efraín también se llevan hoy. Ustedes pueden preguntar la información de todos en la estación de policía mañana; tal vez les dirán dónde los enviaron".

Tía Käte llenó una bolsa café con algunos artículos necesarios y después se abrigó para salir a su destino desconocido. Nosotras tragamos nuestras lágrimas, aunque Tía Käte se mostró valiente al enfrentar la situación. En fila en la puerta, cada una la abrazamos antes que los agentes de la Gestapo la empujaran por el pasillo. Frente a nosotras vimos toda la familia Efraín recogiendo algunas pertinencias en silencio. No nos parecía tener sentido, que algunos judíos fueran llevados y otros no. Dividieron las familias, llevando unos miembros y dejando atrás a otros, aunque en realidad para todos los judíos, la vida diaria de Alemania era como vivir en una prisión. Parecía que llevaban a las personas al azar, tal vez al capricho del oficial del Gestapo que estaba de turno ese día.

Bajaron a Tía Käte por las escaleras y la metieron en un vagón del Gestapo, mientras por la ventana Tía Friede, Tía Elsbeth, Mamá y yo miramos con tristeza la terrible escena abajo. Normalmente una mujer muy nerviosa, Tía Käte demostró mucho valor. Miramos sin palabras mientras el vagón pasó por la calle y desapareció en la distancia. Finalmente la guerra y la venganza personal de Hitler contra el pueblo judío habían visitado a mi familia inmediata.

Ese mes, Bulgaria fue ocupada sin una pelea. Después, Alemania invadió a Yugoslavia, y pronto los tanques llegarían a Atenas. Hitler dio órdenes exigiendo dureza inmisericorde en la guerra. En tiempos pasados, el código alemán de ética había protegido a los civiles y la propiedad; pero ahora, todos y todo tenía que ser destruido por los soldados alemanes. Pero cada acto de crueldad solo aumentaba el número de ataques aliados contra Alemania, de modo que en realidad, últimamente cada Alemán tuvo que pagar la locura del Führer.

Todos los asuntos internos del gobierno se entregaron a Martín Bormann, quien empezó un ataque sin tregua contra las iglesias de Alemania. Más que nunca, temíamos lo que podría pasar a los Hornig y a los creyentes de nuestra iglesia, porque iban a ser blanco especial de los hombres de Bormann a causa de su interés y amor por el pueblo judío. Ahora, agentes del Gestapo fueron plantados en todos los cultos de la iglesia.

Las frescas brisas de la primavera de 1941 nos dieron poco alivio a nuestra agonía. Pensé seriamente en dejar de estudiar a causa del antisemitismo en el colegio. Mis profesores siguieron los órdenes nazis de ser muy drásticos con los estudiantes que no eran Arios, y los demás estudiantes no se arriesgaban a mostrarme amistad. Me sentía muy sola allí—porque una joven de catorce años sin amistades es como un violín sin arco.

Uno por uno, los apartamentos de nuestro conjunto judío se iban vaciándo, a medida que los arrestos se aumentaban. En junio, oímos de nuevo el temido golpe en la puerta. Esta vez, venían para la Tía Friede, que tenía setenta y cinco años. Otra vez tratamos de ahogar nuestras lágrimas, porque sabíamos que solamente afligiría más a la Tía Friede vernos llorando por ella. Otra vez, no nos dieron ninguna explicación ni tampoco revelaron ningún destino.

Una parte fuerte del temor aterrador relacionado con los arrestos era el factor de lo desconocido en cuanto a dónde iba el prisionero. ¿Iba a ser la cárcel o un campo de concentración? ¿Iba a ser un campo de trabajo o una cámara de gas o un pelotón de fusilamiento. Casi nunca se sabía algo hasta que a veces algún miembro de la familia recibiera un postal de una prisión o tal vez un mensaje enviado a escondidas, diciendo que habían matado a la persona. El destino de millones nunca se iba a saber. Sencillamente iban a ser estadísticas.

Sentadas en silencio, observamos como Tía Friede juntó algunas pocas pertinencias. Mamá me dio una sonrisa leve valiente, buscando consolarme desde el otro lado del cuarto.

"Es una anciana enferma", protestó Mamá a los agentes del Gestapo. "Sería mejor llevarme a mí. Soy fuerte y saludable".

"Mis órdenes dicen recoger a Friede Markuse", replicó uno de los hombres.

"Estaré de vuelta en una semana", dijo Tía Friede firmemente.

De repente, los chinches, los ghettos atestados, y raciones mínimas no tenían importancia. Todo lo que importaba era estar juntas, orando a Dios, y confiando que El lo tenía todo bajo Su control. Mi corazón lloraba por los judíos que no tenían fe en Dios, su Libertador. Morirían sacudiendo sus puños a Dios o a Jesús o a alguien que estuviera allí.

Besamos a Tía Friede y observamos como la anciana de cabello blanco cojeó en sus pies artríticos, apoyándose en su bastón. Después le ayudaron a subir al vagón de la policía, y la escena patética y horrible quedó grabada en mi memoria.

Dos semanas después la misma triste escena se repitió, cuando se llevaron a Tía Elsbeth. Los de la Gestapo literalmente tumbaron nuestra puerta y después gritaron, "¿Cuál de ustedes es Elsbeth Suessman?"

El corazón débil de Tía Elsbeth casi deja de latir mientras le ordenaron a recoger sus cosas. Después los agentes de la Gestapo marcaron algunas de sus otras posesiones.

"Estas cosas ahora son propiedad del estado", anunciaron. "Las vamos a recoger después. No las pueden tocar. ¿Entienden?"

"Esta mujer tiene problemas de corazón", insistió Mamá mientras esperaban a Tía Elsbeth. "Está bajo cuidado médico y tiene que recibir atención médica constantemente. ¿La recibirá donde la están llevando?"

"¡Cállese!" respondieron. Con impaciencia esperaban que Tía Elsbeth alzara sus cosas.

"¡Basta ya!" gritó uno. "¡Va con nosotros ahora mismo!"

Tía Elsbeth estaba pálida de miedo pero resistir sería inútil.

Uno por uno, o todos a la vez, las familias desaparecían y fueron separadas en la pesadilla de la Alemania Nazi, en 1941. Nunca volvimos a ver a Tía Käte, Tía Friede o Tía Elsbeth.

El hambre de Hitler por el poder y la sangre no conocía límites. El después invadió a Rusia en un esfuerzo para eliminar la "amenaza oriental" del Bolchevismo. El Führer no entendió, por supuesto, que estaba haciendo una equivocación fatal. Ahora, una guerra mundial era imposible evitar. Los Estados Unidos prometió ayuda económica, y los Aliados empezaban a pelear con más fervor.

Hitler confiaba que la conquista de Rusia sería rápida, una guerra durante una estación de tiempo agradable. Pero el invierno ruso llegaría, para serle tan enemigo como el soldado ruso. Más de 750.000 soldados alemanes iban a morir por los efectos del invierno, atascados en su avance hacia Moscú. A causa de este fracaso devastador, los judíos iban a sufrir aún más, castigados por la equivocación de Hitler.

Ese verano de 1941, Mamá y yo nos unimos aún más, a medida que nuestra seguridad llegó a ser más precaria. A diario comentamos que bueno era, que Hela había podido llegar a la seguridad de Inglaterra antes de empezar la guerra. Casi todos nuestros amigos habían sido arrestados, aunque los Sandberg todavía estaban en nuestro edificio, y las dos amigas hebreas cristianas de Mamá, la Sra. Czech y la Sra. Wolf, todavía estaban libres.

Mamá tenía que aguantar en diferentes tiempos los trabajos forzadas, haciendo lo de hombres para poder recibir su muy pequeña suma de dinero de asistencia pública. Apreciamos los tiempos que pudimos estar juntas, soñando con mejores días cuando pudiéramos volver otra vez a las actividades semanales de la iglesia. Anhelábamos el futuro cuando Mamá pudiera jugar con sus nietos o aún volverse a casar.

"Mamá, no hay terror peor que lo que llega desde el cielo a media noche", le dije una noche fresca de verano, mientras tomábamos un té. En Berlín, el sonido de una máquina señalaba el avance de un avión que dejaría caer sus bombas sobre nosotros. Al principio lo hacíamos un juego, una diversión, y sabíamos que probablemente no iban a haber clases el día siguiente. Pero después pedazos de yeso y fragmentos de bombas empezaban a caer en los refugios antiaéreos. Finalmente las bombas empezaban a explotar dentro de los refugios. Nunca cayeron en el nuestro, aunque una vez varios edificios fueron arrasados en la siguiente cuadra. "Tiene que ser que Dios está favoreciendo a Breslau, Mamá. ¿Puedes dudar que Jesús ha estado protegiendo a ti y a mí?"

"Ninguna duda tengo", contestó pensativa. "Fue muy difícil luchar con mis emociones cuando Friede, Käte, y Elsbeth estaban aquí, pero

Jesús sabe que no tengo que hacerle una demostración abierta, que yo puedo expresarle mi agradecimiento en silencio y por dentro. Tú todavía tienes el entusiasmo de una niña, Anita. Eres tan expresiva y tan llena de esperanza. Nunca lo pierdas, aún cuando las cosas se empeoran".

"¿Y cuándo será eso?"

"No sé, Anita, pero creo que Hitler se equivocó cuando declaró la guerra contra Rusia. Algún día los Americanos van a entrar en la guerra, y entonces Alemania será vencida—pero no pasará antes de que ella reciba lo merecido por el dolor que ha causado a toda Europa. Pastor Hornig dijo que Dios la va a juzgar por su trato terrible de los judíos, porque la Biblia proclama lo que pasa a los que maltratan al pueblo de Dios. Yo lo creo, pero a causa de la locura de los culpables, los inocentes también sufrirán".

"Lo importante es que estemos juntas", contesté. Esa era la esperanza que me sostenía.

"No podemos estar seguras de eso. Cada día hay familias separadas. No hay ninguna regla que gobierne en los arrestos, como tú sabes".

Mamá pausó un momento y después dijo, "Anita, he oído de tu papá. El está triste porque las cosas han salido así. El me dio su teléfono, por si acaso hay algo que pueda hacer si fueran a arrestarte a ti o a mí. No creo que nos está engañando, Anita. Creo que su tristeza por habernos abandonado es real, y puede ser que te pudiera ayudar si fueras a quedar solita.

La amargura me comía como un cáncer. Papá habría podido prevenir buena parte de nuestro sufrimiento si se hubiera quedado con nosotras. A la vez era entendible que, a causa de las tremendas presiones que los Nazis le impusieron, él había cedido y huido por su vida.

Mamá metió la mano en su cartera y me entregó un papelito que tenía guardado allí. "Pronto tu papá se casará de nuevo, Anita. Este es el número donde lo puedes contactar".

Con renuencia recibí el papel.

"Oro que nunca tendré que usarlo", le dije suavemente.

Esa semana una nueva familia, los Rosen y su hijo Joaquín, se mudó al antiguo apartamento de los Ephraim. Joaquín era de mi edad, y sus padres eran judíos ortodoxos como eran los Sandberg.

Pronto Joaquín llegó a ser el gozo de mi vida. Nos encontramos entre la niñez y la madurez; y aunque nuestros juegos muchas veces eran los de niños, nuestros sentimientos, el uno por el otro, era casi lo de adultos. Con catorce años, ambos luchábamos por dejar atrás la niñez, pero sólo nuestras fantasías hicieron tolerable la Alemania Nazi. Entonces, nos aferramos a la niñez mientras buscamos entender el mundo adulto y lo que nos pasaba.

Temí perder a Joaquín si hablaba demasiado de Jesús; mordí la lengua cada vez que quería decirle de Cristo. Tantos amigos míos se habían ido ya. Yo no cabía ni en el mundo ario ni tampoco el mundo Nazi; y mis amigos judíos que no eran creyentes solo me aceptaban hasta cierto punto. Entonces entraba el temor, cautela, o prejuicio para perjudicar cualquier amistad verdadera. Sabía que yo poseía lo que necesitaba para ser una buena amiga; solo me faltaba la oportunidad de probarlo.

Oraba que Jesús entendiera mi cobardía, pero en lugar de su paz, sentía una carga en mi corazón que parecía decirme que tendría que entregar a toda persona—aún a Mamá—si quería seguirle a El. Las lecciones bíblicas que había aparendido del Pastor Hornig confirmaban eso. Cristo no me iba a permitir darle el segundo lugar o tercer lugar en mi corazón.

Joaquín sabía que yo creía en Jesús, pero mientras yo no lo mencionaba, él estaba tranquilo. Estaba seguro que solo era una fantasía pasajera, y que la guerra me iba a convencer que el Mesías no había llegado todavía.

"Si Jesús fuera el Mesías", dijo Joaquín una tarde del verano, "¿dónde está la paz que El supuestamente iba a traer? Todo el mundo está envuelto en guerra. Tu Jesús era un impostor. Además, es ridículo decir que Dios iba a tener un hijo". Y con voz temblando con ira, Joaquín buscó cambiar el tema.

Yo llevaba cien preguntas por semana al Pastor Hornig, porque estaba tomando clases de confirmación en su casa cada vez que me atrevía a entrar en las calles caóticas de Breslau. Después de la clase, siempre encontraba oportunidad de quedarme para preguntarle respuestas a algunas de las preguntas de Joaquín.

"La paz que el Mesías trae", explicó el Pastor Hornig, "puede ser la paz que hay dentro del corazón. Pero la Biblia dice que algún día Jesús establecerá Su reino aquí en la tierra, y así entonces habrá una paz literal, cuando el león y el cordero se acostarán juntos. En este tiempo Jesús se sentará en el trono de David en Jerusalén, y toda la nación de Israel Le va a reconocer como el Salvador y Mesías. ¡Qué día más glorioso va a ser!"

"Me es difícil esconder mi fe", le dije al pastor.

"Pero demasiado creyentes cometen el error de hablar demasiado de Cristo a sus amigos judíos", contestó. "A veces tenemos que ganarlos para Jesús sencillamente amándolos y orando por ellos, Anita. Tenemos que dejar que Dios los convenzca de su necesidad de Cristo y no hablar largamente de nuestra fe si los ofende. Cuando ellos ven que nuestras vidas son bastantes diferentes, empezarán a hacer preguntas. Será así con Joaquín. Creo que es por eso que has quedado en Alemania, Anita, para que puedas testificar por medio de tu vida. Hela no lo pudo hacer. Tú tienes que mostrarles a otros que tienes la paz de Dios cuando el mundo a nuestro alrededor se despedaza. Nunca permitas que Satanás te robe tu paz y gozo. Recuerda que tú eres el blanco especial de Satanás porque puedes dar paz al mismo pueblo de Dios. Estoy convencido que ambas, tú y tu mamá, van a influir en muchos judíos antes de terminar la guerra. Cada día mi esperanza de sacarles de Alemania va mermando. Parece que Dios me está dando la impresión que tú y tu mamá tienen que quedarse y ser testigos aquí".

Las palabras del Pastor Hornig sobre el quedarnos en Alemania confirmaron los sentimientos de mi corazón.

"¿Por qué parece que los judíos son los que más sufren?" le pregunté. "¿Es porque matamos a Jesús?"

"¡Nuestro pecado mató a Jesús, Anita! Todo era parte del plan de Dios para nuestra salvación que Jesús muriera por nuestros pecados. Además, los Romanos habrían podido evitar la crucifixión pero no lo hicieron. Ellos permitieron que muriera un hombre inocente, y lo sabían".

Joaquín y yo pasamos las últimas semanas de verano juntos. Sabíamos que días aún más oscuros vendrían más adelante, porque pronto yo tendría que volver al colegio y él a su escuela judía. Los apartamentos eran calientes bajo el sol de agosto, y nuestro lugar de juegos muchas veces eran los pasillos sucios o el sótano maloliente de nuestro edificio. La estrella de David que tenía que portar Joaquín siempre le identificaba como Judío donde fuera que anduviera, de modo que él escogía mantenerse dentro de los edificios.

"Siempre seremos amigos", Joaquín me dijo un día mientras nos sentamos en las gradas de nuestro edificio. "Cuando termine la guerra, quiero llevarte al teatro y otros lugares lindos. ¡Si fuéramos a estar separados, prometes escribirme?"

"Lo prometo", dije, "pero debemos orar que la guerra termine antes de separarnos. Mira nuestro ghetto vacio" proseguí, al señalar las calles desiertas. "Casi todos se han ido".

¡Cuánto deseaba que Joaquín entendiera que adorábamos al mismo Dios y esperaban en el mismo Mesías! Estábamos tan cerca en nuestras creencias y a la vez tan lejos.

Pero la vida en el ghetto caliente era pasable mientras que tenía a Mamá y ahora a Joaquín. En las noches cuando ponía mi cabeza en la almohada, una paz inexplicable me llenaba. Posiblemente era el sentido de seguridad porque era amada por Mamá, el Pastor Hornig, los creyentes de la iglesia, y Joaquín. Como fuera, sentí la seguridad de que Dios me daba esa paz como un regalo especial. Era Su manera de compensar mi vida en Alemania bajo Hitler. Tal vez era la voz queda de Dios diciéndome, "Te amo, Anita Dittman, y te estoy mostrando Mi amor enviándote personas que te aman muchísimo. Aún si quedas sola, te mostraré Mi amor en maneras especiales, porque nunca te dejaré".

Con esta seguridad tranquilizante, cada noche podía dormir y descansar en paz, a pesar de la convicción extraña que días más oscuros iban a llegar a Alemania—y también a mí y a Mamá.

Pude aguantar la vida en el colegio porque mi maestra de diecinueve años, Helga Fritsch, odiaba en su corazón a los Nazis y decidió no perseguirme. De hecho, tuvo el valor una vez de invitarme a una fiesta en su casa ese otoño de 1941. Yo vi todo eso como otra muestra del amor de Dios, en medio de las luchas de mi vida.

El Pastor Hornig seguía cuidando que yo tuviera suficiente dinero como para comprar los costosos textos escolares y pagar las mensualidades. Yo estaba convencida ya que ese dinero vino directamente de su familia.

Con mucha frecuencia, Mamá llegaba cuando el día ya estaba oscuro, después de laborar en lo que le asignaban. Muchas veces solo ganaba pocos centavos por hora. Me era difícil llegar a una casa oscura y vacía, pero tal vez Dios me estaba preparando para los días largos y solitarios del futuro.

Mientras el otoño cambió al invierno, dos eventos sorprendentes ocurrieron. La puerta Pearl Harbor fue atacada, e Hitler declaró la guerra contra los Estados Unidos. La cara de Mamá cuando llegó a la casa esa noche me hizo entender la seriedad de la situación. Mamá había dicho que los Estados Unidos finalmente entraría en la guerra, y así determinaría el final de Alemania. Ya no era solamente una guerra de Europa, sino de todo el mundo. Al arreciar la guerra cada día más contra el soldado alemán, más severa se haría la persecución contra los judíos.

"Joaquín", exclamé al encontrarnos en el pasillo esa noche, "¿Has oído las noticias? Los Estados Unidos ha entrado en la guerra".

"Posiblemente ellos harán que ella termine", dijo con optimismo. "Tal vez terminará siendo una bendición para nosotros. ¿Qué opinas?"

Pero dos días después, temprano en la mañana antes que yo saliera para el colegio, el Gestapo llegó otra vez a nuestro edificio. Pudimos oír sus botas Nazis pisando fuertemente escaleras arriba. Al pasar por el largo corredor, todos los inquilinos temblaban detrás de sus puertas, esperando el golpe fatal. Al alejarse los pasos fuertes de los soldados, cada persona respiraba con alivio pero con dolor de corazón por las personas donde llegarían a golpear la puerta. Hoy los Nazis llamaron a la puerta de los Rosen.

Anita con dos de sus amigas del colegio Anita está a la derecha—14 años—1941

"¡Abran La Puerta"

"¡Abran la puerta!" oí gritar los agentes del Gestapo. No me atreví a abrir la puerta, pero pegué allí el oído.

Oí cuando ellos empujaron la puerta de los Rosen. "Tienen cinco minutos para recoger sus cosas" vino el orden familiar. "Los tres van con nosotros a la sinagoga. Cada uno puede llenar una bolsa de pertenencias. No pregunten nada, solo obedezcan los órdenes, y les irá mejor".

"Mamá" susurré mientras mis ojos se llenaron de lágrimas. "¡Joaquín tiene que ir con los Rosen!"

"Yo sabía que eso iba a pasar, Anita". Yo estaba en una agonía, porque no había podido compartir a Cristo con él, y me culpé por mi incredulidad y cobardía. No importaba lo que había dicho el Pastor Hornig en cuanto a compartir a Cristo por medio de nuestra vida más que por nuestras palabras. No había excusa para que yo no hubiera procurado que Joaquín llegara a ser creyente.

"Los llevan a la sinagoga", le dije a Mamá, quien se alistaba para trabajar. "Le visitaré esta noche, Mamá. Tengo que despedirme de él".

Después de los incendios de 1938 y 1939 en Breslau, ya no existía sino una sola sinagoga. Recientemente lo habían convertido en una prisión para los judíos, mientras fueran procesados para ser enviados a los campos.

Casi pude ver los pensamientos de Mamá por su cara. Casi tenía ya las palabras listas en su mente para insistir que yo no visitara a Joaquín, pero al ver las lágrimas bajando por mis mejillas, guardó silencio. A fin de cuentas, pensaba que mi resistencia valiente sería mi salvación. ¿Por qué buscar apagarla?

"Sus muebles ya pertenecen al estado", oí decir a un soldado de la Gestapo a los Rosen.

Sabía que Joaquín deseaba despedirse de mí, pero eso sería imposible. Los de la Gestapo no tenían simpatía hacia los sentimientos o el amor de jóvenes. Los arrestos se hacían con mucha prisa, cuando sacaban a los judíos y los metían en los centros de acopio, donde ellos después esperaban durante días, para finalmente ser deportados a Bergen-Belsen, Treblinka, Dachau, Auschwitz, Theresienstadt, y otros campos infames.

Los Rosen casi no pronunciaron palabra al recoger sus cosas.

Finalmente oí cerrar su puerta y todos marcharon por el pasillo. Corriendo a la ventana, miré con cuidado y los vi subir por la puerta de atrás de un vagón de la policía. Joaquín no miró hacia arriba, y yo sabía que él lo hizo así, porque un reconocimiento de nuestra amistad podría ponernos en peligro. Seguí con la vista al vagón de la policía, cubierto de nieve, hasta que desapareció de la vista en la calle, dejando solo un soplo de vapor en el aire frío de la mañana.

Después de clases ese día, caminé hasta la antigua y desgastada sinagoga. Caminando en el frío de diciembre, consideré la paradoja de la Alemania Nazi. La época de Navidad se aproximaba y los Alemanes se preparaban para celebrar el nacimiento de Jesús; sin embargo, a la vez rendían culto a los Nazis ateos. La paz, el gozo, el amor y la esperanza que la Navidad simbolizaba no tenían libertad en la Alemania de Hitler, pero por el otro lado, pocos abandonaban el sueño vano del reino de mil años del Reich. Casi nadie permitía entrar en su mente la idea de una derrota, aunque el humo de Berlín en llamas subía muy alto en el cielo e incontables miles de soldados alemanes morían en el frente de batalla con Rusia. Por rutina los Rusos anunciaban los nombres de los soldados alemanes capturados en las radio ondas de las emisoras subterráneas. Los familiares de los prisioneros sabían que nunca volverían a ver a sus esposos o hermanos cuando oían sus nombres; los campos de Siberia nunca mandaban a nadie de regreso.

Envolví mi cara en la bufanda mientras el frío viento me empujaba. Sentí los dedos congelados, pero era poco precio tener que pagar para poder ver a Joaquín una última vez. Tuve que caminar casi una hora antes de poder distinguir las paredes de la sinagoga. Vi una cerca temporal edificada alrededor de la estructura, con un número de hombres del Gestapo y SS montando guardia.

Por favor, amado Jesús, permite que yo pueda entrar y ver a Joaquín una vez mas, oré al acercarme al edificio.

Le voy a contar de Ti esta vez. Puede ser que estará con tanto miedo que me escuchará esta vez.

Me quedé parada unos momentos largos fuera del portón que daba a la sinagoga, por primera vez queriendo ser vista por el Gestapo para evitar llamarles. Mientras hablaban entre sí y se movían dentro y fuera del edificio, pude oírles riéndose y haciendo chistes sobre los "pobres ejemplos de la humanidad" que se encontraba atrapada dentro de las paredes de la sinagoga. Por fin un guarda me vio.

"¡Abran La Puerta"

"¿Qué quiere, muchacha?" gritó mientras yo me incliné contra la puerta de la cerca.

"Quiero ver a mi amigo, Joaquín Rosen. Le tengo un mensaje muy importante. Solo tomaré un minuto".

Se acercó con cara de burla, "Donde él va, no le importará recibir su mensaje". Balanceó su arma como si estuviera en el frente de combate.

"Señor, puede estar conmigo cuando le de el mensaje," dije en forma cortés. El guarda me miró por las rejas del portón durante largos segundos. Como yo todavía no llevaba la estrella de David y mi cabello tenía tonos de pelo rubio ario, era obvio que él no reconoció mi herencia judía.

"¿Qué es el mensaje? Dígamelo y decidiré si es importante o no".

"Sólo quiero decirle que le amo", contesté.

"¿Cómo podría una jovencita linda como usted querer amar a un Judío?" contestó con ira. "¿No sabe que es un pecado contra el Reich amar a un Judío?"

Mi honestidad ya me había puesto en un apuro. Los Alemanes podrían recibir una bala a primera vista si simpatizaban con los judíos.

"Bueno, hágalo rápido" ordenó al abrir el portón. "Le daré exactamente tres minutos para entregar su frívolo mensaje, y después le sacaré fuera".

Corriendo, pasé los guardas y entré en la tenue luz de la sinagoga. Al entrar por la puerta, paré en seco, sintiendo el ambiente de desespero. Centenares de judíos estaban sentados en la paja en el piso de la sinagoga, mientras una docena de niños pequeños y bebés lloraban del frío y la confusión. Algunas personas hablaban con la familia o con amigos para mermar su tensión, pero la mayoría miraba al espacio en silencio. Pero por lo menos estos prisioneros habían sido cogidos con sus familias, y probablemente serían enviados a prisiones juntos. Los viejitos con barbas y las ancianas cansadas también estaban sentados en el piso, resignados a su destino.

Cuando por fin vi a los Rosen sentados juntos en un rincón, sabía que mis tres minutos volarían rápidamente. Por fin Joaquín me vio en la puerta, y corrimos para abrazarnos.

"¿Qué haces aquí, Anita?" Joaquín me regañó. "¿Cómo entraste? ¿No sabes que es muy peligroso?"

"No importa, tenía que despedirme de ti. ¡Jesús me ha dado la seguridad que El te protegerá, Joaquín!

Tal vez podremos encontrarnos aquí en Breslau cuando termine la guerra".

"Claro que sí, pero tienes que salir ya, Anita! Podrían cerrar las puertas y aprisionarte aquí también. Les ahorraría un viaje a tu apartamento". Apretándome con un brazo, me besó en la mejilla.

"Te amo, Anita. Nos encontraremos cuando termine la guerra. Te encontraré de alguna manera. Ve ahora".

"Joaquín, Jesús te ama muchísimo. Te amo también."

El me empujó a la vez que un guarda de la Gestapo se acercó y me cogió por el brazo para sacarme fuera de la sinagoga. Al llegar al portón, lo abrió y me mandó para afuera.

"Váyase, muchacha. Debo arrestarle, pero como es casi la Navidad, no lo haré. Váyase para la casa".

Gracias, Jesús, oré en silencio.

Al caminar hacia la casa contra el fuerte viento, pensé en los meses maravillosos que Joaquín y yo habíamos compartido como amigos. El siempre tendría un lugar en mi corazón. Un extraño sentido de paz en cuanto a él me envolvió, algo que después sentiría siempre, aunque nunca le volvería a ver.

Seis

TRABAJOS FORZADOS

La atención de Hitler principalmente estaba enfocada en la frente de Rusia durante la primavera de 1942, aunque el frente de batalla en África se empujó más y más hacia el Medio Oeste controlado por Gran Bretaña. Los Americanos se unieron a la Fuerza Real Aérea de Inglaterra que lanzaba bombas a las ciudades alemanas. En las semanas y meses siguientes, Colonia, Rostock, Lubeck y Berlín llegarían a ser montones de escombros. Pero todavía los aviones no atacaban a Breslau.

Esa primavera trajo cosas amargas y dulces. Nuestros queridos amigos los Sandberg fueron llevados. Con tristeza recordamos como ellos habían anhelado reunirse con sus hijos en Inglaterra antes de empezar la guerra.

En mayo de ese año cumplí los quince, y terminé mis clases de confirmación con el Pastor Hornig. Mamá logró reunir unos pocos centavos para hacerme un hermoso vestido blanco. El Pastor Hornig me hizo las preguntas de prueba frente a toda la congregación de Sta. Bárbara; era un hito de mi vida. Me sentí contentísima poder agradar al Pastor Hornig y a Mamá al contestar correctamente todas las preguntas de la prueba. Mamá me miró orgullosamente desde la audiencia. Mis ojos brillaron mientras miraba al Pastor Hornig y a Mamá y sentí sus miradas de aprobación y orgullo. Esto era el mejor regalo que les hubiera podido dar.

También mis ojos observaron una cara extraña en la congregación. Más tarde supimos que era otro espía Nazi. No era secreto para nadie en Breslau que el Pastor Hornig ayudaba a los judíos—creyentes y no creyentes. Los agentes del Gestapo con frecuencia le seguían y se intercalaban en los cultos de la iglesia vigilando si escuchaban cualquier palabra anti-Nazi.

Poco tiempo después de mi confirmación, recibí una nota en el colegio, avisándome no volver a clases a causa de mi herencia judía.

Esa misma semana, el Gestapo mandó notificar a Mamá que tenía que reportarse a una fábrica de comida enlatada para laborar allí. Iba a recibir el equivalente de veinte centavos la hora pelando cebollas a mano, manejando una máquina trituradora de repoyo, y alzando pesadas cajas diez horas al día. Al principio trabajaba toda la noche desde las 10:00 p.m. hasta las 8:00 a.m. Siempre yo le tenía una pequeña comida lista para cuando regresaba en las mañanas, los ojos rojos e hinchados por pelar cebollas, y su espalda adolorida por levantar las pesadas cajas.

En esta misma época de la primavera, Reinhard Heydrich murió. Era uno del trío Eichmann-Himmler-Heydrich, quienes eran las mentes directoras detrás de la persecución de los judíos. La sangre de miles, o aún millones, de judíos estaban sobre sus manos.

A principios de verano el Führer ya dominaba Europa, desde el Volga hasta el Canal de la Mancha. También había subyugado a Egipto y estaba ganando terreno en Rusia. Sin embargo, la invasión de Rusia iba a pararse en Stalingrad.

Mamá y yo seguimos dando gracias a Dios cada día por nuestra gloriosa libertad. En los ojos de otros del mundo, teníamos muy poco y la persecución era muy fuerte; pero comparado con muchos en Alemania, gozábamos mucha libertad y plenitud. Ciudad tras ciudad se jactaba de ser libres de todo Judío, pero Mamá y yo teníamos vida, estábamos juntas, teníamos la iglesia, y lo más importante, el amor y la protección de Jesús. Aunque muchos lujos podrían desaparecer en un momentico, gozábamos de lo que teníamos mientras tanto.

De todos modos, los días de verano eran largos y solitarios para mí, mientras Mamá dormía y después salía para su trabajo en la noche. Era peligroso estar fuera de la casa, y los jóvenes cristianos de la iglesia no se atrevían a visitar el ghetto judío y así identificarse como simpatizantes de ellos. Mis amigos judíos y amistades ya se habían ido. Una atmósfera de soledad permanecía sobre Breslau. Tal vez toda Alemania era lo mismo. Daba la sensación como si los demonios del infierno bailaban gozosamente sobre todo el país. A veces me sentía como si Dios estuviera tan triste por el odio y el prejuicio del hombre, que había abandonado a Alemania por un tiempo. Posiblemente miraba a Alemania como una vez miró a la crucifixión de Su Hijo, dejando que la maldad operara al máximo.

Pero existió la paradoja, que cuando me sentía más aislada, Dios manifestaba Su poder y control sobre todas las circunstancias. Durante la guerra, Su cuidado y protección de nosotros que creíamos en el nombre de Jesús podrían llenar centenares de volúmenes. Su protección a Mamá y a mí era sólo un pequeño grano de arena en la inmensa playa de Su seguridad y amor.

Me sentí casi feliz cuando el Gestapo me ordenó reportarme a la fábrica de conservas para trabajos forzados en el otoño de 1942. Ahora ambas, Mamá y yo, íbamos a trabajar de día, y dimos gracias a Dios que pudiéramos otra vez pasar tiempo juntas. Trabajábamos diez horas por día, seis días de la semana, ganando el mismo sueldo pequeñito. Nuestro día empezaba antes de las 5:30 a.m., con un viaje largo por tranvía en las calles solitarias de Breslau. Después teníamos que caminar diez cuadras hasta la fábrica, donde las labores empezaban a las 7:00 a.m.

El trabajo era tedioso y monótono, porque Mamá y yo trituramos cebollas y pelamos zanahorias todo el día. El azufre en las cebollas volvía negra nuestra piel, y nuestros ojos siempre ardían. Pero porque el olor a cebolla era tan fuerte, nuestro supervisor se mantenía lejos, de modo que pudimos conversar mientras trabajabamos. Orábamos, hablábamos y soñábamos con mejores días, comiendo de vez en cuando una cebolla cuando teníamos demasiada hambre.

Como yo era joven y fuerte, me mandaban a menudo a hacer labor pesada en otros departamentos de la fábrica. A veces tenía que cargar bolsas de cien libras de manzanas, pero a la vez eso me permitía el placer de comer una manzana o dos para mi almuerzo. Las manzanas, rojas y jugosas, valían más que el oro para los Alemanes hambrientos.

La mayor parte de los empleados de la fábrica eran mujeres judías, las últimas Judías en Breslau. Algunas eran Judías cristianas como nosotras, y por eso todavía tenían "libertad". Algunas fueron ganadas para Cristo por el Pastor Hornig. Pero muchos de los empleados eran judíos incrédulos que sencillamente pasaban el tiempo hasta que también fueran llevados. Casi cada día otro empleado no volvía a la fábrica, y sabíamos lo que le había pasado.

Algunos escuchaban con cortesía mientras Mamá y yo hablábamos de Jesús, el Mesías judío. La mayoría, sin embargo, había perdido la poca fe que antes tenía; había visto demasiado odio y sufrimiento como para seguir creyendo en un Dios, que según ellos, permitiera todo eso.

"O Dios es amor o Dios no existe", dijo una señora judía. "Es obvio que ningún Dios de amor permitiría lo que está pasando. Entonces, El es solamente un refugio para los neuróticos, los temerosos, y los que se sienten solos.

Hasta el día de hoy, el holocausto Nazi sigue siendo un estorbo para muchos judíos en cuanto a fe en Dios. Satanás lo utiliza como el impedimento principal en numerosos judíos, que no pueden conciliar la idea de un Dios amoroso y todopoderoso y los hechos horrorosos del holocausto. Es verdad que millones perecieron, pero no piensan en los millones que Dios permitió sobrevivir.

Al llegar el invierno, tuvimos que lidiar con el frío cruel. El área de la fábrica donde trabajábamos casi no recibía calefacción, y cada mañana el tranvía estaba tan lleno que teníamos que montarnos en la plataforma de arriba. Nos sentíamos entonces congeladas aún antes de empezar el trabajo del día. Yo llenaba mis zapatos con papel de periódico para protegerme del frío, pero no entraba en calor hasta la noche, después tenía que repetir el mismo sufrimiento al amanecer.

Un tiempo de cada noche se tenía que pasar haciendo fila para nuestras pequeñísimas raciones. Las colas estaban bien largas, y las personas impacientes y malgeniadas. No importaba si uno era Judío, Cristiano, Nazi, o ateo, todos teníamos que estar en fila, y todos sufríamos la falta de comida adecuada y vitaminas. Sin embargo, nadie se atrevía a quejarse, aunque algunos en secreto empezaban a dudar del Führer ahora. A medida que los Alemanes recibían noticias de más y más de sus seres amados muertos en ciudades en llamas o en las líneas de batalla, su lealtad al Reich empezaba a debilitarse.

Trabajos Forzados

Ese invierno tuvimos que trabajar los domingos, de modo que perdimos nuestro precioso día de adoración en la iglesia. La vida llegó a ser un asunto de solo trabajo, sueño, monotonía y temor, aparte de los maravillosos momentos pasados en oración o animando a un creyente desanimado. Mamá y yo, paradas juntas en el trabajo, pudimos orar por Hela, los Sandberg, los Rosen, Tía Friede, Tía Elsbeth, y Tía Käte, y aún por Papá. También oramos por los otros familiares de Mamá cuyas situaciones ignorábamos. Por nosotras mismas, oramos que Dios siguiera mostrando Su misericordia, porque todavía no habíamos recibido el temible golpe del Gestapo en la puerta para llevarnos.

¡Y alabamos a Dios! Aunque los aviones de los Aliados llenaban los cielos sobre Alemania como langostas, todavía no habían bombardeado a Breslau. También dimos gracias a Dios por las victorias cada vez más numerosas de los Aliados y el aumento de su poder en el África, Rusia y Europa.

En diciembre me mandaron a la oficina principal de la fábrica para archivar, operar las líneas telefónicas, y ayudar con otras rutinas de oficina. Aunque no me gustaba tener que separarme de Mamá, por lo menos la oficina tenía calefacción y pude trabajar sentada. Parecía que yo caía en gracia con el jefe, pero sospechaba sus motivos. Como la mayoría de los trabajadores de la oficina eran Alemanes, me preguntaba cómo yo podría llevarme con ellos. Tal vez sería mejor sufrir el frió juntamente con los míos.

El primer día de mi nuevo trabajo, vi que tendría que almorzar con los trabajadores alemanes en vez de estar con mis amigos judíos. Pero cuando sonó el silbato del almuerzo, crucé firmemente frente al comedor alemán hacia el comedor judío. Mi jefe, asombrado por mi atrevimiento, me gritó mientras me alejé de él y sus trabajadores.

"¡Anita! ¿A dónde piensa que va?"

"Para acompañar a Mamá y mis amigos, señor", contesté. "Si no puedo almorzar con ellos, pido que me permita volver a mi trabajo de fábrica. No quiero su trabajo cómodo de oficina si tengo que sacrificar mi tiempo con ellos".

Mi jefe golpeó una mesa con su puño, y todos nos miraron. "¡Le voy a reportar al Gestapo!" insistió.

"Favor de hacerlo, Sr. Goerlitz", contesté con calma. "¿Me permite volver al trabajo en la fábrica, entonces?"

Cuando él vio que yo no iba a ceder, su expresión cambió. "Le necesito en la oficina, Anita. Favor de reconsiderar y mantenerse lejos de los judíos".

"Nunca, Sr. Goerlitz. Nunca. Son mi pueblo".

Volteé y seguí al comedor. El Sr. Goerlitz no me molestó más ese día ni durante las otras semanas cuando seguía trabajando en la oficina. Tampoco me reportó al Gestapo. De hecho, me trató con un nuevo respeto y admiración porque yo estaba lista a renunciar al trabajo cómodo de la oficina para hacer trabajos pesados con los judíos.

"¡Anita!" Mamá me regañó cuando le comenté del incidente. "Tienes que no discutir con los Nazis. Tú y yo estamos con tiempo prestado. Tenemos que no adelantar nuestro arresto".

"Lo haré antes de negarte a ti y a los demás", contesté. "Puedo entender, como el Sr. Goerlitz me mira, que quiere que yo sea más que solamente una empleada de oficina. Escogería morir antes de dejarle pensar por un minuto que tengo interés en él o en su partido Nazi.

"Ten cuidado, y no lo provoques", dijo Mamá. "Trátalo con cortesía cuidadosa y aguanta el tiempo".

Pero el Sr. Goerlitz nunca me volvió a decir nada cuando cruzaba el comedor alemán al mediodía. Como un antiguo modismo alemán expresa, "El cobarde es despreciado igualmente por amigo o enemigo, pero el valiente es admirado aún por sus enemigos". Tal vez esto se comprobaba en mi caso.

El Reich sufrió una derrota terrible en Stalingrad, cuando los Rusos capturaron a 220.000 soldados alemanes en febrero 1943. Música solemne sonaba durante tres días en el radio mientras todos los Alemanes lamentaban la pérdida. Por fin, Alemania estaba experimentando el tipo de dolor que había estado infligiendo en otros.

Habíamos oído de la derrota que sufrían también en la parte norte del África. La guerra contra Alemania era implacable. Una capa de humo tapaba la tierra mientras Hamburg y otras ciudades fueron atacados día y noche. Un ataque concertado Aliado contra los barcos alemanes causó su derrota en la frente del Atlántico.

Trabajos Forzados

Finalmente los Aliados demandaron la rendición incondicional del Reich, pero para Hitler, eso era imposible. Al contrario, él declaró que una actitud de derrota sería castigada con la muerte; y la propaganda en las hondas radiales seguía prometiendo un día glorioso para Alemania.

Llamando a los Rusos "sub-humanos", Hitler prometió su derrota final y les dijo a sus soldados que la vida de un Ruso no tenía ningún valor. Todo esfuerzo tenía que emplearse en la derrota de Rusia, dijo, sin pensar en el costo de vidas. Su proclamación incluía la muerte, si era necesario, de niños y mujeres inocentes.

¿Cuánto tiempo más creería el pueblo alemán en la ilusión de la gloriosa patria? ¿Cuánto tiempo más seguiría el loco flautista y le entregarían a sus hijos, esposos, y padres, muchos de los cuales morirían en los campos de prisioneros en Siberia? ¿Cuánto tiempo más obedecerían ciegamente al Führer, quien abiertamente no pretendía ninguna compasión hacia la vida humana? El sacrificaba a su propia gente alemana si no eran especímenes perfectos de la raza aria. ¿Cuándo se cumpliría las oraciones de Cristianos alrededor del mundo para ver el final del demagogo alemán y cortar la obra de Satanás que llenaba el mundo de tristeza y dolor? ¿Hasta cuándo, oh Dios? Sabíamos que un rápido golpe del juicio de Dios terminaría el desespero, y creíamos que los Cristianos verdaderos tenían callos en las rodillas orando por el fin de la pesadilla.

Pero los Alemanes seguían excavando sus ciudades y apretando sus cinturones, mientras cantaban las canciones del Reich, aún cuando los nombres de noventa mil prisioneros de guerra alemanes se leían en las hondas radiales que entraban en sus hogares desde Rusia.

Mamá y yo fuimos trasladadas ese invierno a la compañía embotelladora de vino Oberhammer, donde otra vez trabajamos lado a lado, haciendo trabajos forzados con el pequeño grupo de los últimos judíos de Breslau. Más obreros judíos trabajaban allí que en cualquier otra fábrica, de modo que pudimos gozar de algunos días de compañerismo cuando nuestro supervisor no estuviera presente.

Desde las 7:00 a.m. hasta las 5:00 p.m. enjuagábamos frascos vacios para vino antes de cargarlos en cajas dos veces más grandes que un ataúd. Después, dos mujeres llevábamos las cajas varios metros a un ascensor, donde los frascos pasaban su proceso hasta llenarse otra vez de vino. Como ya no teníamos la protección de olor a cebolla, teníamos que guardar nuestra conversación de oídos del supervisor, pero cuando se alejaba de nuestra área, aprovechábamos la oportunidad para hablar lo más que pudiéramos, temiendo que fuera la última oportunidad.

"Es un milagro", susurré a Mamá, "que Dios nos mantiene con fuerzas a pesar de tan poca comida".

Mamá estaba delgada a causa de las labores tan pesadas, y se había envejecido muchísimo, pero su espíritu y estado de ánimo estaban fuertes y fortaleció espiritualmente a otras mujeres de la fábrica. Nunca mostró rencor hacia los Nazis; siempre yo me maravillaba de la manera que Dios le había quitado toda amargura e ira.

"Dios utilizará a los Aliados para librarnos pronto, Anita", dijo Mamá. "Pero tenemos que orar que sea antes que llegue la 'solución final'". Se refería al mandato de Hitler de encontrar una solución final al problema de los judíos.

Ya no podía seguir mis estudios. Había soñado con estudiar la química, o trabajar con niños pequeños, pero todos mis sueños terminarían en nada si no podía graduarme. Alemania no trataba bien a los sin preparación, y aunque

Mamá y yo soñábamos todavía con ir a Inglaterra donde Hela, sabía que yo tampoco podría tener aprobación de los Ingleses como una trabajadora común. Me imaginaba haciendo trabajo manual como el de la fábrica el resto de mi vida, y me parecía que esto sería peor que vivir bajo los Nazis para siempre. Dentro de mí sentía una mina de creatividad que necesitaba ser instruida y canalizada.

Anhelaba poder hacer aún una mínima contribución a la humanidad y la obra cristiana, pero ambos deseos parecían imposibles bajo la esvástica. Era todavía 16 años otra razón por la cual orar que Dios juzgara a Alemania y librara a sus prisioneros.

Mientras el invierno se convirtió en primavera en 1943, oímos que los Aliados habían ganado la guerra en el África, y eso nos dio a Mamá y a mí nuevas esperanzas. Pero al empeorar la situación del Reich, nuestro supervisor se puso más rígido y fuerte, obligándonos a no conversar casi, durante el largo día de trabajo. La monotonía solo se aliviaba un poco por el correr de las ratas en las vigas de arriba.

Trabajos Forzados

Mamá y yo desarrollamos un sexto sentido de comunicación. Trabajando juntas cada día, pudimos comunicar con una expresión de la cara o gesto con el cuerpo. Sentíamos como iba la guerra por la tensión en la fábrica. Rumores empezaban a salir que algunos campos de concentración del Reich iban a ser librados el próximo año. Los campos ya contenían millones de judíos de Alemania, Francia, Bélgica, Holanda, Austria, Polonia, Hungría, Checoeslovaquia y los Balcanes.

Pero nuestros sueños se hicieron trizas un día hermoso de primavera cuando oímos de la destrucción del ghetto de Varsovia. Quinientos mil judíos habían sido amontonados en el ghetto para morir allí de hambre. Finalmente los Alemanes fueron allí para matarlos o enviarlos a campos de muerte. Pero los judíos, medio muertos de hambre pero de voluntad firme, pelearon y resistieron a más no poder. Entonces Hitler envió tres mil soldados más para rápidamente vencer el ghetto con tanques, carros blindados, artillería, y lanzallamas. Solamente quinientos judíos sobrevivieron para contar como fue aniquilado el ghetto y su gente.

Esa semana casi no pudimos pronunciar palabra entre nosotros sin tener que reprimir lágrimas de ira y de dolor. Aun en los corazones más guardados quemaba la amargura e ira contra los Nazis. Aún mi fe y la de Mamá fue sacudida y nuestras esperanzas mermaron. Los ateos en el grupo maldijeron, y los judíos no creyentes se aislaron.

Los judíos religiosos oraron con más fervor y preguntaron por qué. Nosotros los Cristianos nos consolamos y entendimos que algunas respuestas sólo las tendremos en el Cielo.

"No es suficiente que oremos que termine la guerra, Anita", Mamá dijo una noche. "Tenemos que orar que Dios nos guarde mientras que vaya terminando. Dios va a juzgar a nuestra tierra, y los inocentes sufrirán también. Anita, ora que Dios nos ponga dentro de un círculo de Su maravilloso amor y protección, aún en medio del rugir del asalto Aliado".

Nos hacía muchísima falta la comida espiritual de la iglesia y la preciosa comunión con los demás creyentes.

La iglesia Sta. Bárbara había sido un refugio y descanso.

"Lo que más me duele es el aislamiento espiritual, más que las necesidades físicas", Mamá me comentó esa misma noche. "Mi cuerpo se ha acostumbrado a la poca comida y al poco descanso, pero no puede resistir el hambre espiritual".

Mientras escuchaba el dolor en la voz de Mamá porque sentía la falta de tiempos de comunión con otros creyentes y su ayuda, me di cuenta que probablemente no habría crecido tan rápido en su fe en Cristo si no hubiera sido por la guerra y todas sus crueldades. Dios realmente consuela a los afligidos, pero también aflige a los que están conformes. Mamá había estado tranquila y cómoda con su religión de creer lo que le parecía. Ahora Dios a diario probaba nuestra fe y nuestra confianza en El, y nuestro caminar con El era una verdadera aventura. Realmente, El obró y movió con tanta rapidez en nuestras vidas que a veces queríamos que la aventura fuera más lenta. Dios nos había permitido perder casi todo en la vida, pero nos sentíamos tan ricas como un rey. En realidad, teníamos la riqueza de tener al Rey de reyes. Algún día íbamos a gozar todas Sus gloriosas riquezas y plenitud.

Pues tengo por cierto que las aflicciones del tiempo presente no son comparables con la gloria venidera que en nosotros ha de manifestarse. Romanos 8:18

Siete

ICTERICIA

A principios del verano noté algunos síntomas físicos que me preocupaban: fiebre constante, nausea, y un tremendo cansancio. Estaba otra vez demasiado delgada, y después de diez horas de trabajo y dos horas en una fila buscando la ración de cada día, casi no tenía fuerzas para llegar a casa por la noche. Mamá estaba atribulada, porque sabíamos que los doctores Nazi querían mandar a personas como yo—que ya no eran de mucho valor para el Reich—a campos de muerte. Pero sentí que ya me iba a morir de todos modos si no recibiera ayuda médica y un descanso del trabajo de la fábrica. Nos sentimos a la merced de las circunstancias, entonces oramos por sabiduría durante varios días. Mi supervisor notó mi condición, y me regañó por mi lentitud. Estaba asustada con el pensamiento de que me iban a reportar por mal rendimiento en la fábrica, resultando en una reprimienda y un castigo.

Aunque Mamá y yo oramos fervientemente, una semana después mis síntomas estaban peores. Empecé a tener un tono amarillento, y durante tres noches casi no pude dormir. Una noche tuve un sueño recurrente, donde me parecía que Dios me hablaba. En el sueño, vi un día gris, triste, con nubes oscuras arriba. Mamá estaba conmigo en el sueño, y parecía empacar una maleta. En la próxima escena estábamos en la playa de un mar, y en la distancia pude ver en la neblina un barco grande, atestado de gente. Agitaban las manos en despedida, pero cuando volteé a preguntarle a Mamá sobre eso, ya no estaba. ¡Al mirar el barco de nuevo, vi que Mamá estaba allí abordo! Le grité, pero ya era tarde porque el barco había alzado ancla. Cuando volteó hacia la alta mar, Mamá me agitó la mano.

Todas las caras en ese barco desesperado eran de judíos, y sabía con claridad que iban rumbo a uno de los campos de Hitler. También sabía que algún día el barco volvería a recogerme a mí. Y aunque deseaba que Mamá volviera para estar conmigo en la playa, sentí que iba a estar segura cuando llegara a su destino. A la vez, sentí una seguridad que yo también iba a estar bien, aunque el barco fuera a undirse. Era una paz que sobrepasaba el entendimiento.

Esa semana oímos que los judíos cristianos de Breslau tenían algo de protección, de modo que Mamá insistió en que yo visitara el doctor de la compañía. Mi dolor de estómago, nausea, y color alarmaron aún al médico Nazi, aunque él se cuidó de no mostrar nada de simpatía.

"¿De modo que no aguanta el trabajo aquí, verdad?" me gritó al mirarme por sus gruesos lentes. Yo estaba encorvada en la silla, intentando no llorar del dolor de mi estómago.

"No es el trabajo, señor: lo puedo hacer bien, cuando estoy sana".

"Me dicen que usted es una buena trabajadora", me dijo. "Necesitamos trabajadores buenos como usted para ayudarnos a reedificar el Reich y añadir a su futuro glorioso".

No pude entender por qué me diría una cosa tan extraña. ¿Qué parte podría yo tener en el futuro de Alemania? Obreros individuales no tenían mayor valor, y como mi educación había sido interrumpida, probablemente no podría adelantarme.

"Por su apariencia, usted tiene ictericia amarilla. Le voy a mandar a casa durante unas semanas, pero cuando usted regrese, quiero oír que usted trabaja dos veces más fuerte. Voy a llamar a su supervisor".

Dios seguramente actuó allí, porque el doctor habría podido escribirme una receta para ir a las cámaras de gas.

"¡Heil Hitler!" me gritó mientras salí del consultorio. Yo murmuré algunas palabras indefinidas, pero nunca diría el horrible "Heil Hitler".

El concepto del perfecto plan de Dios para mi vida estaba conmigo bastante mientras luchaba por recuperar mi salud durante mis pocas semanas en la casa. Sabía que el morir, en los ojos de Dios, era ganancia, pero estaba segura que podría servirle mejor con mi vida. Quería ser un testimonio vivo de Su gracia y misericordia en mi vida y también animar a alguien con mi vida, no con mi muerte.

Una nueva esperanza surgió dentro de mí, una esperanza que era inexplicable, juntamente con la paz que sentía. Claro está, en parte se basaba sobre la derrota de Alemania en el África y en el frente de batalla con Rusia. La esperanza también creció cuando se veía tambalear Italia frente a los Aliados.

Aún existía esperanza en medio de la noticia aterradora: Los hornos Nazis iban a calentarse más aún para recibir más y más judíos en un último intento para solucionar el "problema Judío".

"¡Maten a los judíos como ratas!" llegó la orden. "¡Que el mundo vea el ejemplo de Alemania!"

Nuestra libertad iba a durar poco ahora.

Descansé en la casa durante cuatro maravillosas semanas buscando vencer la ictericia. Dios seguramente sabía que yo iba a necesitar estar fuerte para la lucha que se aproximaba. El verano de 1943 era la calma antes de mi tormenta personal.

Cumplí 16 años esa primavera y ahora parecía que Mamá buscaba poner una distancia entre las dos. No sentí falta de amor, sino que ella buscaba enseñarme ser más independiente. Como judíos cristianos en Breslau, vivíamos en el ojo del huracán, esperando la tormenta inevitable. Aprovechando la rutina de las fuertes labores, gozábamos de la libertad que teníamos.

La única pregunta ahora era si Alemania terminaría totalmente destruida en la guerra. Cada día perdía más terreno y nuestro fin personal esperaba. Oramos con fervor que los Aliados, en todas sus victorias, libraran algunos de los campos de muerte.

Mi corazón se dolía por falta de la dulce comunión con otros creyentes, pero ni el tiempo ni las circunstancias permitían a Mamá o a mí la oportunidad del compañerismo con otros Cristianos. Dios Mismo tenía que ser nuestro Amigo y Compañero, Consejero y Consolador.

Descansando en la casa, sentimos las brisas suaves de verano en nuestro pequeño apartamento. Mamá y yo habíamos olvidado del duro sufrimiento del frío del invierno, y nos gozamos de la vida, nueva y fresca, a nuestro alrededor. Tratamos de gozarnos de los pocos placeres que todavía teníamos—las noches libres, nuestras pequeñas raciones de comida, y el poder estar juntas. Pero al descansar, yo luchaba por oír el sonido de aviones sobre Breslau. La memoria de Berlín siempre iba a estar conmigo. El mero sonido del motor fuerte de un camión me recordaba de los bombardeos pasando sobre nosotros en un Berlín apagado y en pánico. Pocas ciudades de importancia escaparon de los ataques aéreos contra Alemania.

El Pastor Hornig me visitó varias veces durante mi tiempo en la casa. Un día, el gozo de pensar en su llegada borró una cantidad de mis temores y tristezas. El también se había envejecido en los diez años del mando Nazi, pero no había perdido su amor especial hacia Mamá y hacia mí y toda la causa por la cual luchaba y arriesgaba su vida. Antes, su fe se había fortalecido, y se había aumentado también su propósito de ayudar a los pocos judíos que todavía estaban en Breslau.

Aunque él podía ver los efectos de mi ictericia y la desnutrición, después de mirarme unos segundos exclamó, "¡Anita, has llegado a ser señorita en este último año! ¡La niña en ti ya se ha ido!"

Yo no estaba segura de haber tenido una niñez, porque había sido empañada por toda la confusión de los últimos diez años, pero sabía cuánto amaba a este maravilloso hombre de Dios.

Rodeé al Pastor Hornig con mis brazos, el único hombre que había podido ayudarme a comprender el amor de mi Padre Celestial.

El pastor arriesgaba su vida cada vez que se asociaba con la causa judía. Aún arriesgaba su vida al caminar y entrar en nuestro ghetto e identificarse con nosotros.

"¿Cómo podría rechazar al pueblo que escribió mi preciosa Biblia y que me dio mi Salvador?" me preguntó en esta visita. "Los judíos son la niña del ojo de Dios. Porque Alemania los ha dañado, nunca será lo mismo. Nunca volverá a prosperar".

"¿Piensas que todo terminará pronto?" le pregunté, como si el Pastor Hornig podría predecir cómo iban a salir las cosas?

"Ya todo ha terminado, Anita, aunque todavía no oficialmente. Alemania se ha acabado, pero Hitler no quiere rendirse. El resistirá hasta que los Rusos se paren en las gradas del edificio del parlamento y alcen allí la bandera Roja. Esto podría demorar todavía uno o dos años. Pero lo cierto es que Hitler es demasiado loco como para rendirse".

"Debes de ejercer más cuidado", le regañé. "No conviene ser tan abierto en tu rechazo".

El Pastor Hornig sonrió y descansó hacia atrás en nuestra mecedora viejita. "La Sra. Hornig y yo somos protegidos por Dios. El tiene Su mano sobre nosotros. Ayudamos a los judíos, y rehusamos poner la foto del Führer en el altar de nuestra iglesia, aunque los del Gestapo me siguen y asisten a todos los cultos. Pero tengo que ser franco contigo, Anita. Es una seguridad falsa si piensas que tú y tu mamá están seguras porque son creyentes en Jesús. Están en peligro. Pero nunca olvides que Jesús puede darte una paz inexplicable, no importa las circunstancias. El apóstol Pablo escribió sobre esto. A pesar de ser azotado, encarcelado, sufrir naufragios, siempre tenía gozo y paz. Nos dijo 'Regocijaos en el Señor siempre'. Prométeme que siempre recordarás esto".

"Lo haré".

Su visita era precisamente lo que yo necesitaba y era mejor que la medicina más potente. Tal vez era mejor aún, que la libertad, porque la libertad sin el amor de un hombre de Dios como el Pastor Hornig, no habría sido libertad. Un verdadero representativo de Jesús, él me inspiraba vida y salud solo con su presencia, que me dijo que su amor para Mamá y para mí era muy especial. Con esta inyección de vida, me sentí fortalecida para volver a trabajar en la fábrica una semana después.

Mamá me informó que me iban a enviar a la oficina de la fábrica, donde podría estar sentada y volver a ganar mis fuerzas. Alguien en la fábrica había tenido una pisca de compasión, y sabía que los trabajos forzados habrían causado una recaída de la ictericia.

Sentí gratitud poder trabajar sentada, en la compañía embotelladora de vinos, pero me dolía que Mamá tuviera que cargar y llevar cosas pesadas todo el día. Su cuerpo ardía del dolor al final de cada día por el trabajo fuerte. Casi pido un cambio de trabajo en la fábrica para que pudiéramos trabajar juntas otra vez, pero temí una recaída de la enfermedad. Algo muy dentro de mí también decía que iba a necesitar todas mis fuerzas más adelante. Cada semana en la fábrica, algunos empleados judíos desaparecían sin explicación. Su destino solo se podía imaginar.

¡Era paradójico, pero a medida que Alemania se empeoraba año tras año, nuestras Navidades llegaban a ser mejores! Siempre teníamos menos, pero lo que teníamos lo apreciábamos diez veces más. En 1943 tuvimos libre el día de Navidad, y Mamá y yo pudimos asistir al culto de la iglesia. Era un día glorioso, y respiramos el aire fresco al montar el tranvía en la nieve que caía suavemente. La guerra estaba muy cerca y a la vez muy lejos. Italia se había rendido a los Aliados y entonces declaró la guerra contra Alemania también. El Ejército Rojo estaba avanzando hacia la frontera con Polonia.

La Ley de Nuremburg fue decretada ese invierno, que también añadió gozo a nuestra Navidad. Esta ley decía que el Judío o la Judía que había sido casado tiempos atrás con conjuge alemán era protegido de arrestos o campos de concentración, mientras él o ella ya no creyera en el Judaísmo. Los hijos nacidos de estos matrimonios también eran protegidos. ¿Pero rompería Hitler esta ley como había roto las otras? Sólo con el tiempo se sabría. El Pastor Hornig nos advirtió que no tuviéramos esperanzas irrealistas. El ya sabía de algunas violaciones de esa ley.

Los sueños vienen y se olvidan, pero el sueño que yo había tenido durante el verano me volvía a la mente con demasiada frecuencia. ¿Sería que Dios me quería hablar de esta manera? ¿Era el barco real o simbolizaba algo diferente? ¿Podría ser que el recuerdo recurrente quería prepararme para el tiempo cuando se manifestaría su significado?

Tratamos de ser agradecidas por cada día que teníamos. Mirar hacia atrás solo traía memorias tristes; mirar hacia adelante traía temor e incertidumbre, aunque Mamá y yo sabíamos que Jesús estaba con nosotras. Pero podíamos disfrutar y saborear cada día, apreciando el aire limpio sobre Breslau y la nieve recién caída que todavía no tenía cenizas de explosiones y fuego en ella, como la nieve de Berlín, Hamburgo y Colonia.

"Dios es más grande que toda la maldad acumulada del Tercer Reich", nos recordó en privado el Pastor Hornig ese día de Navidad. "El está en control sobre la guerra y en control de sus vidas también. Siento que El te va a preservar a ti y a tu mamá, Anita, pero tienes que ser fuerte y testificar de El en todo lugar".

Iba a oír las palabras del Pastor Hornig mil veces en mi mente durante el curso de mi vida.

Nosotros los creyentes de la Iglesia Sta. Bárbara alzamos un canto glorioso y gozoso al Señor esa Navidad, mientras cantamos los himnos de Navidad que hablaban de amor, gozo y paz. ¡Paz! Oh, que Dios nos permitiera gozarnos de ella en el pronto futuro.

Hijitos, vosotros sois de Dios, y los habéis vencido; porque mayor es el que está en vosotros que el que está en el mundo.
I Juan 4:4

Ocho

ADIOS, MAMÁ

Eran las 6:00 a.m. cuando Mamá y yo corríamos por el apartamento, alistándonos para salir para la fábrica. Era un día especialmente gris esa mañana a finales de enero, y no queríamos pensar en el viaje demasiado frío en el tranvía ni la caminata después. Al mirar por la ventana al cielo antes de subir el sol, yo sentí un frío, al mirar la escena familiar. ¡El cielo tenía el mismo color de plomo que había visto en mi sueño varios meses atrás! Solamente faltaban la playa y el barco en la distancia.

"¡Mamá!" grité. "Algo va a pasar hoy, lo siento. Es como si Dios me hubiera dado un mensaje inexplicable".

"No pienses bobadas, Anita".

"No lo puedo explicar", dije al mirar al cielo durante varios minutos. "¿No recuerdas el sueño terrible que te comenté, Mamá? Veo el mismo cielo esta mañana que vi en mi sueño".

Yo caminaba en el apartamento y demoraba mientras nos alistamos para salir. Cuando ya apareció el sol, corrí otra vez a la ventana. Esta vez vi parar el vagón de la Gestapo frente a nuestro edificio.

"¡Llegaron, Mamá!" grité. "¡Esta vez es para nosotras! Lo sé por mi sueño".

"Estamos protegidas por la Ley de Nuremberg, Anita", Mamá dijo con demasiada confianza. "Ponte tu abrigo o no alcanzaremos el tranvía".

Adios, Mamá

Me quedé helada en mi puesto mientras dos hombres se bajaron del vagón de la policía y subieron nuestras gradas. ¿Sería una posibilidad muy remota que vinieran para otra de las pocas familias en nuestro edificio? ¿Tenía yo el derecho de desear este acontecimiento terrible para una de ellas solo para salvarnos a nosotras?

Los pasos bien conocidos vinieron por nuestro pasillo, pero no siguieron a otra puerta. Esta vez, la orden de "¡Abran la puerta!" claramente era para Mamá y para mí, y finalmente Mamá entendió que mi temor y el sueño no habían sido solamente productos de mi imaginación.

"Tenías razón, Anita", dijo Mamá. Ella abrió nuestra puerta y los dos agentes del Gestapo entraron. ¡Mi corazón latía de miedo! *Jesús, ¿dónde está la paz que prometiste?* Oré en silencio, "¿Por qué Mamá y yo estamos tiesas de temor en este momento?"

"Hemos venido para arrestar a Hilde Dittman", ordenó el vocero de los dos mientras él miró a Mamá. "Tiene tres minutos para empacar una bolsa. Vamos a poner etiquetas a sus muebles, porque ya pertenecen al estado".

"¡No!" protesté en vano. "¡Somos Judías Cristianas! ¡Somos protegidas por la ley!"

"El Führer es la ley, y estamos obedeciendo su deseo. Debe darle gracias que todavía tiene la compasión suficiente como para dejarle su libertad, muchacha. El solo llama a su mamá esta vez".

"Estaré bien", dijo Mamá, buscando tranquilizarme.

El otro guarda de la Gestapo, que no había hablado antes, me miró casi con compasión con sus azules ojos arios. Posiblemente había visto lo suficiente de la guerra y del odio, o tal vez Dios había tocado su corazón recientemente. Sus ojos no eran seductivos, solo suaves y compasivos al observar mi pánico y temor. Parecía querer comunicar bondad al estar allí con los brazos cruzados y la nieve de sus botas derritiéndose en el piso.

"Tiene que firmar estos papeles", el otro hombre ordenó a Mamá. "Ordenan la entrega de todas sus posesiones al estado". Sacó algunos papeles de un sobre y los puso en la mesa frente a Mamá.

"¿Dónde la llevan?" pregunté.

"A la sinagoga hoy. Mañana seguramente todo el grupo será enviado a Theresienstadt en Checoslovaquia.

Le notificarán".

Con renuencia Mamá firmó sus papeles, entregando todas nuestras posesiones a Alemania. Yo sólo podría tener unas pocas cosas, incluyendo mi cama. Podría comprar algunas de las otras cosas del estado a precios muy exagerados.

"¿Pudiera hablar con mi hija en privado un momento?" pidió Mamá.

"No tenemos tiempo para eso. Ella nos puede acompañar a la sinagoga si quiere".

"¿Pudiera usar el baño un minutico, entonces?" dijo Mamá.

Mamá me miró y movió sus ojos hacia el baño. En silencio caminó hasta el cuarto y entró. Salió casi en seguida, y por sus gestos me hizo entender que me había dejado algo allí.

"Voy con ella", dije mientras Mamá terminó de echar algunas cosas en una bolsa.

Poniendo mi abrigo, corrí rápido al baño y vi que allí Mamá me había dejado una pequeña cartera. Al abrirla, encontré el equivalente de casi cien dólares en efectivo—sin duda, eran sus ahorros de toda una vida, guardados para un día como este.

Un diluvio de lágrimas me inundó, y caí de rodillas en el piso. Derramé mi corazón delante de Jesús. Desesperadamente necesitaba esa paz inexplicable que había experimentado antes. Una cosa era decir palabras de esperanza cuando afuera el mundo se despedazaba; otra era decirlas cuando el destrozo entró en mi propio hogar.

"¡Rápido!" ordenó una voz impaciente. Oyendo abrir la puerta, me levanté para acompañarle a Mamá en su viaje a la sinagoga.

"¿Qué dijo el Pastor Hornig, Anita?" me recordó. "El dijo que Dios nos protegería mientras proclamáramos Su Palabra. ¿Lo crees, Anita?"

Limpié las lágrimas en la manga de mi abrigo mientras apagaba las luces. Mamá alzó su pequeña bolsa y con la otra mano cogió la mía. Los hombres de la Gestapo caminaron detrás de nosotras al salir del apartamento para ir a la sinagoga. Pensaba en las muchas veces que Mamá y yo habíamos quedado quietas en nuestro apartamento mientras otra familia o persona se llevaba. Ahora nos tocó a nosotras la tragedia.

Me imaginaba las miradas de los pocos judíos que todavía quedaban en el vecindario, observando por sus ventanas la triste escena. Para los que no conocían el poder de la protección de Dios, podrían haber sentido cierto pánico.

Apreté la mano de Mamá mientras el vagón recorrió las calles rumbo a la misma sinagoga donde una vez había visitado a Joaquín. No pudimos hablar mientras pasamos por Breslau. Cada una tenía sus pensamientos y oraba que Dios terminara pronto esta pesadilla. La mano de Mamá me decía no tener temor. Pero yo tenía solo dieciséis años, e iba a estar totalmente sola en el infierno de Hitler. Aun con los Hornig y los creyentes de la iglesia, no iba a ser lo mismo como el tener un miembro de la familia cerca.

Mamá estaba increíblemente valiente y calmada, entonces pensé que seguramente Dios estaba ministrando a su corazón y dándole la confianza que Su mano estaba sobre ella. Rechacé la voz de Satanás que me decía que Dios había desamparado a los judíos, entregándolos a su suerte.

Al ver la sinagoga familiar, recordé que me había despedido de Joaquín en circunstancias similares. Había pensado en él y orado por él casi cada día, preguntándome qué otra tragedia tendría que ocurrir para que él creyera en Jesús. Había confiado en el cuidado de Jesús para Joaquín, entonces ¿por qué no podría ahora confiar que El cuidara de Mamá también?

El vagón de la policía había parado frente al portón de la sinagoga, y los agentes de la Gestapo vinieron para ayudarnos a bajar. Miré a los ojos del guarda que antes me había mostrado compasión.

"¿Podría entrar con ella?" le pregunté.

El miró hacia el otro policía de la Gestapo, que ya había subido otra vez al vehículo.

"Sólo por un minuto" dijo suavemente. "Rápido".

Mamá y yo caminamos unos metros hasta la puerta de la sinagoga convertida en prisión. Por alguna razón no podía soltarla para dejarle cruzar el portal del edificio, que significaría la pérdida de su libertad. Además, una joven de dieciséis años no debe tener que perder a su mamá por el decreto de un dictador lunático.

Nos dimos un último abrazo en las gradas de la sinagoga. Yo sabía que dentro estaba una cantidad de gente desesperada, la mayoría sin esperanzas. Por lo menos, Mamá y yo sí, teníamos esperanza.

"No te desesperes, Anita", me consoló Mamá. "La guerra terminará antes que los Nazis me destruyan. Obedece cada orden, oyes. Trabaja fuertemente en la fábrica y haz lo que te dicen, menos negar a Dios. Te di el teléfono de Papá, y si quieres llamarle, tal vez él te podría ayudar. Puede ser que te diera algo de dinero para volver a comprar algunas de tus cosas. El guarda te está buscando ya", dijo ella, mirando por mi hombro. "Haz lo que él dice. Recuerda cuánto te amo".

Mamá me besó en la mejilla y entró en la sinagoga mientras el guarda con los ojos azules suaves llegó y me cogió el brazo.

"Tiene que salir ahora", le oí decir muy suavemente. "Le notificarán a dónde enviarán a su mamá".

Después me llevó al portón y suavemente me hizo salir. Sus ojos tristes miraban los míos, al cerrar la puerta con seguro.

"Lo siento", dijo con voz casi inaudible.

¿No estaba él ya acostumbrado a escenas como ésta? Seguramente no era el Ario fuerte que Hitler esperaba que fuera.

Miré largo rato a la puerta cerrada detrás de mi mamá.

Caminé sin rumbo en la nieve, tristemente envuelta en mi dolor y auto-lástima. Luché para recordar las palabras consoladoras del Pastor Hornig. Una vez me había puesto a memorizar el Salmo 23, y ahora traté de recordarlo. Decidí ir a la casa del pastor desde donde podría llamar a mi supervisor de trabajo, y después recibir el consuelo de las palabras sabias del pastor.

Más adelante esa mañana, me senté con el Pastor Hornig en la primera banca del santuario de la iglesia. Estuvimos en silencio un rato mientras él buscaba las palabras apropiadas para darme consuelo.

"Los creyentes aquí en la iglesia serán tu familia temporal, Anita", me dijo al fin. "Yo sé que no es lo mismo, pero trataremos de amarte tanto como lo hace Hilde, y oraremos cada día que ella pronto vuelva a casa. Recuerda, tú realmente no estás sola. Aun si no me tuvieras a mi, ni tuvieras la iglesia, nunca estarías sola, porque Dios nunca te dejará".

No pude dejar de mirar la cruz colgada en la parte frente de la iglesia.

"Es esa Cruz, Anita", prosiguió el Pastor Hornig, "que permite que tú y yo podamos resistirlo todo, porque Jesús conquistó todo mal y toda perversidad en esa Cruz. El es Quien será el Victorioso al final. Por Su sangre derramada, todos los esfuerzos de Satanás pueden ser derrotados si proclamamos el poder de la Cruz en nuestras vidas. La sangre derramada de Jesús es el arma más poderosa que hay en el mundo. Tienes que utilizarla ahora".

"Ella era muy valiente", le dije.

"Por supuesto que sí. Tu mamá sabe que aún si tiene que andar en el valle de la sombra de muerte, no tiene que temer mal alguno. Ella me dijo una vez que si algún día fueran a llevarle, su única preocupación sería por ti. Por eso tienes que escribirle cada semana y asegurarle que estás bien. ¿Dónde van a llevarle?"

"Theresienstadt, posiblemente".

"Ella puede recibir correo y paquetes allí. Puedes enviarle algo de comida cada semana, Anita. Ella va a necesitarla, porque tendrá que trabajar largas horas allí y probablemente recibirá poca comida. Muchas veces los guardias permiten que miembros de la familia visiten a los prisioneros antes de llevarlos al campo. ¿Por qué no llevarle a su mamá algo de comida esta noche. Vale la pena intentarlo. Ve a la casa y pídele

Dentro de la Iglesia Luterana Sta. Bárbara

a la Sra. Hornig que te envuelva algunos emparedados para ti y tu mamá. Llamaré a tu supervisor explicándole el caso. Puedes pasar el día con nosotros si quieres".

Esperanza surgió dentro de mí, al pensar en poder ver a Mamá otra vez esa noche. La Sra. Hornig nos preparó algunos emparedados y fruta. También yo quería llevarle la bata que se le había quedado, entonces salí de la casa de los Hornig para ir a casa y juntar algunos detalles, también tener tiempo a solas para pensar las cosas.

Pude sentir las oraciones de los creyentes mientras el Pastor Hornig comunicó al pueblo de mi situación. Estaba segura que eventualmente un sentir de calma iba a remplazar el dolor que sentí en mi corazón, porque sabía que la mitad de los creyentes de la iglesia estarían orando específicamente por Mamá, por mí, y también por otros creyentes judíos que habían sido llevados esa mañana.

Nuestro apartamento deslustrado parecía aún más triste que nunca cuando entré al mediodía. La ausencia de Mamá me gritaba de cada rincón del cuarto. Sabía que ella necesitaría la bata calientica que se le había quedado en su afán, entonces empaqué una bolsa con la bata, los emparedados y la fruta.

Pensé coger más tarde el tranvía hacia la sinagoga con la esperanza de poder ver a Mamá una vez más, antes que le llevaran a Theresienstadt temprano la mañana siguiente.

Caminé en el apartamento y después me senté en la mecedora. A ratos oraba y leía la preciosa Biblia que el Pastor Hornig me había dado años antes. Con impaciencia esperé que el sol se bajara hacia el horizonte esa tarde de enero, y al fin salí para la sinagoga como a las 4:00 p.m. Probablemente el tranvía estaría atestado de gente saliendo de sus trabajos, pero no podía esperar más. Tal vez todo sería en vano, si los guardias rechazaran mi deseo de ver a Mamá una sola vez más.

La luz del sol poniente reveló una docena de jóvenes congregados frente al portón de la sinagoga. Caminé más rápido y mi corazón perdió algunos latidos al ver algunas caras conocidas. Steffi Bott estaba allí, con Gerhard, Wolfgang, y Rudi Wolf—sus madres eran buenas amigas de Mamá. Allí me informaron que sus madres también habían sido llevadas. La Sra. Bott y la Sra. Wolf también eran creyentes judías. Las circunstancias en Alemania habían prevenido que sus hijos llegaran a ser buenos amigos, pero la situación actual haría que nosotros nos uniéramos. Sus hijos también habían sido abandonados por sus padres arios, y las señoras se convirtieron a Cristo hacía poco. Se veía que muchos de los creyentes judíos habían sido recogidos ese día.

"¡Steffi!" exclamé al aproximarme.

"¡Anita!"

"¿No podemos entrar?" pregunté con entusiasmo.

"No", contestó. "Los guardias no dejarán entrar a ninguno de nosotros".

Con nerviosismo, observamos la situación desde fuera del portón. Ya había como veinticinco jóvenes caminando alrededor del portón de entrada, queriendo ver a sus mamás una última vez. Muchos tenían una bolsa o pequeña maleta, probablemente con comida o ropa que su mamá necesitaba. Algunos lloraban, otros maldecían; pocos aceptaban la situación con algo de calma. Pero casi inmediatamente Steffi, los hermanos Wolf, y yo nos unimos porque nuestras madres eran amigas.

Miramos por las varillas del portón de la entrada para ver si podríamos ver alguna madre por las ventanas de la sinagoga. Entonces Rudi Wolf miró con curiosidad al edificio contiguo a la sinagoga, y pude ver que su mente estaba calculando algo. El edificio era un hotel que tiempos atrás había tenido algún vínculo con la sinagoga.

"Debe haber un túnel que los conecta", nos dijo Rudi. "Vamos a entrar en el hotel y encontrarlo".

Éramos jóvenes, valientes y desesperados. El hecho de que nuestro comportamiento sospechoso podría ser base para nuestro propio arresto nos importó poco.

"Me acerco a la recepción y pregunto por una persona ficticia", dijo Rudy. "Ustedes buscan las escaleras que dan al sótano mientras se busca ese nombre. Una vez que encontremos el sótano, tiene que haber un túnel que lleva a la sinagoga".

Ni cuestionamos el plan, sino que los cinco subimos las escaleras del hotel. Aparentemente el hotel había sido en otros tiempos un colegio asociado con la sinagoga; pero como todos los colegios judíos habían sido cerrados recientemente, lo habían convertido en hotel.

Steffi, Gerhard, y yo nos quedamos atrás mientras Rudi y Wolfgang se acercaron al dependiente del hotel y preguntaron por un nombre ficticio. Cuando el dependiente volteó para mirar su registro, nosotros tres miramos alrededor del lobby, buscando escaleras que podrían descender al sótano. Vimos una puerta que parecía ser lo que buscábamos. Con cuidado pasamos a ese lado del lobby, y mientras el empleado seguía estudiando el registro buscando el nombre, entramos por esa puerta. Resultó ser cierto, que esa puerta daba a las escaleras que daban al sótano. Bajamos por las gradas innumerables, evitando cucarachas muertas en el piso. Lo hicimos tan rápido que nos faltó el aliento al llegar al final. Al pie de las escaleras estaba la puerta de un túnel. Sentí que Dios tenía que estar en esto porque llegamos tan directamente.

"¡Esto es!" exclamó Gerhard. "Este nos va a llevar a la sinagoga".

"¿Está seguro que debemos hacer esto?" Steffi preguntó con cautela. "Tal vez debemos preguntar otra vez a los guardias.

Gerhard no contestó sino que siguió adelante por el oscuro túnel. Estaba tan oscuro que casi parecía una puerta negra delante de nosotros; pero al seguir adelante, sabíamos que era el corredor que se conectaba con el otro edificio.

No me importaba si me quedaba atrapanda permanentemente en la sinagoga. No me importaba que pudiera sufrir un record con la policía por este acto de rebelión. Lo único que me importaba era la oportunidad de ver a Mamá una vez más y darle la comida, la bata, y mi amor.

Nos movimos en silencio, palpando el camino en la oscuridad. Si nunca volveríamos, por lo menos Rudi y Wolfgang sabrían lo que nos había pasado y reportaría eso a nuestros pocos amigos o familiares restantes. Oré en silencio mientras pasamos lentamente el túnel. No hablamos, y Geerhard nos guió con cuidado para evitar golpearnos contra algo en la oscuridad.

Nuestros pasos sonaron huecos en el túnel y aún nuestra pesada respiración parecía retumbar contra las paredes.

El túnel seguramente no era más que algunos pocos metros de largo, pero parecía una eternidad desde cuando empezamos esta aventura incierta.

Por fin oímos algo de voces en la distancia y vimos una grieta de luz. Las voces sonaban más fuertes y la luz más brillante al acercarnos al sótano de la sinagoga. Finalmente llegamos a una puerta que estaba abierta un poquito, y vimos algunos de los prisioneros caminando en el sótano de la sinagoga. Gerhard miró por la grieta, y vio un guarda del Gestapo parado en medio de los prisioneros.

"¿Qué haremos?" susurró Steffi.

Gerhard en silencio señaló esperen.

Estábamos listos a esperar toda la noche, si era necesario para que pudiéramos despedirnos de nuestras madres una vez más. Miramos por la grieta de la puerta, pero no reconocimos a ninguna de las mujeres. De repente el guarda empezó a caminar, y pasó a pocas pulgadas de nosotros. Gerhard habría podido alzar la mano y tocado su feo uniforme café. Esperamos en silencio y contuvimos la respiración durante por lo menos una hora, mientras el guarda movía de un lado a otro. Por fin subió unas escaleras que daban al piso principal de la sinagoga.

Gerhard abrió la puerta un poquito y susurró a una de las prisioneras.

"¡Por acá!" susurró con fuerza.

Una anciana nos miró asombrada, viéndonos aparecer de repente de la nada.

"Queremos ver a nuestras madres una vez más", prosiguió Gerhard. "Son la Sra. Wolf, la Sra. Dittman, y la Sra. Bott. ¿Sabe dónde están? Podría enviarlas aquí al sótano para que pudiéramos darles algunas cosas?"

"Les arrestarán", dijo la señora confusa. "No sean necios, el guarda llegará en minutos. No nos ha dejado desde temprano esta mañana".

"¡Tiene que actuar rápidamente entonces!" rogó Gerhard. "Queremos darles estos paquetes".

Gerhard tomó los tres paquetes y los puso en el piso del sótano.

"Aquí están. Si nos arrestan, promete darlos a la Sra. Bott, la Sra. Dittman, y la Sra. Wolf?"

La anciana asintió con la cabeza.

"¿Qué están haciendo aquí?" gritó una voz airado del otro lado del túnel. Apareció una linterna y oímos botas Nazis pasando por el túnel detrás de nosotros.

"¡Nos descubrieron!" gritó Steffi.

Un escalo frío nos cogió. Una linterna fuerte brilló en nuestros ojos y finalmente la forma de un oficial Nazi de la Gestapo apareció desde el otro lado del túnel.

"¡Todos ustedes van a ser arrestados por este acto de traición!" gritó, iluminando mi cara con su linterna.

"Sólo queríamos ver a nuestras madres una vez más", yo rogué. "Sólo queríamos entregarles alguna comida, señor, eso es todo".

"Vengan conmigo", dijo él. "Cogí a sus amigos arriba. Estoy entregándoles a todos ustedes a la cabeza de la Gestapo".

Nos marcharon de regreso por el túnel, guiados por la luz de las linternas esta vez. Nadie dijo nada. En silencio esperamos que la prisionera anciana entregara los paquetes a nuestras madres y decirles de nuestro desesperado intento para verles una vez más. La disposición de la cabeza de la Gestapo determinaría nuestro castigo.

Cuando llegamos al lobby del hotel, nos unimos con Rudi y Wolfgang, y después fuimos llevados por dos hombres a la oficina de la Gestapo. Próximamente nos llevaron en camión a la oficina de un Sr. Hampel, un hombre bajito, gordito, con ojos malignos, quien hizo una mueca a nuestra audaz persistencia para ver a nuestras madres.

Después de ponernos en fila contra la pared de su oficina, Sr. Hampel caminó de un lado al otro frente a nosotros durante cinco largos minutos. La ira le consumía. Pude ver de reojo que Steffi estaba temblando y sabía que ella estaba por disolverse en lágrimas. Gerhard, Wolfgang y Rudi querían protegernos pero no tenían modo de hacerlo. La tensión se aumentaba a medida que Sr. Hampel caminaba y nos miraba con ojos airosos.

"Ustedes son culpables de una crimen mayor", dijo. "Trataron de liberar a prisioneros y la sentencia para eso es la muerte".

"No", rogó Rudi. "Solamente queríamos despedirnos de nuestras mamás. Cada uno tenía una bolsa de comida para ellas que dejamos con una anciana en el sótano de la sinagoga".

El temor que no expresamos era el que nuestras madres podrían ser castigadas por nuestro intento—una idea que no se nos había ocurrido al principio.

"¡Yo amo a mi mamá!" exclamó Steffi mientras empezaba a llorar. "Solamente quería verla una vez más. No teníamos ningún plan de escape".

"Es todo lo que nosotros queríamos", insistió Geerhard. "Nuestras madres nunca hubieran aprobado lo que hicimos. Todo era nuestra idea".

"No tengo tiempo para su necia sentimentalidad", contestó el Sr. Hampel. "Voy a hablar esto con alguien. Ustedes se quedarán aquí".

El Sr. Hampel envió otro guarda para vigilarnos y evitar que conversáramos. El guarda se sentó en la silla del Sr. Hampel y no quitó de nosotros su mirada airada mientras que nos mantuvimos rígidos contra la pared. Yo estaba segura que estábamos orando en silencio detrás de nuestras lágrimas y nuestro miedo.

Treinta minutos después, el Sr. Hampel volvió. Marchando ruidosamente a su oficina, gritó, "¡Todos ustedes están en la lista negra de la Gestapo! Si alguno de ustedes hace la más mínima cosa equivocada, le costará la vida. Les van a vigilar cada día. ¡Ahora, sálganse de aquí!"

"¡Gracias, señor!" exclamó Rudi. "Las bendiciones del Señor sobre usted, Sr. Hampel".

En silencio salimos a la fría noche oscura. Después de caminar rápidamente una cuadra, rompimos a llorar con alivio y agradecimiento, y nos abrazamos.

"Siempre seremos amigos", les dije mientras compartimos nuestro gozo. "Siempre haremos todo lo que podamos los unos por los otros y reunirnos a menudo para animarnos y orar por nuestras madres. Tenemos mucho motivo de agradecimiento hoy".

La Ley de Nuremberg, que supuestamente protegía a los judíos casados con Alemanes, en realidad no tenía ningún valor, y nuestro tiempo finalmente se acabaría también. Nuestra oración era que terminara rápidamente la guerra. Si tendríamos que ir a un campo de prisioneros, oramos fervientemente que nos tocara donde estuvieran nuestras madres.

Ahora, juntamente con los creyentes de mi iglesia, yo tenía una nueva familia: los hermanos Wolf y Steffi Bott. La tragedia nos había unido de tal manera que no nos podrían separar.

> **Cuando pases por las aguas, yo estaré contigo; y si por los ríos, no te anegarán. Cuando pases por el fuego, no te quemarás, ni la llama arderá en ti. Isaías 43:2**

Nueve

PAN ZWEIBACK

La falta de Mamá era como un cráter de soledad en mi corazón. No podía concentrarme en el trabajo, y estaba tan triste que no podía comer. Además, guardaba la mayor parte de mis raciones para Mamá. Ya estaba confirmado que le habían enviado al Campo Theresienstadt en Checoslovaquia, donde le permitían recibir paquetes de comida una vez por semana.

Una mañana, antes de salir para el trabajo, los de la Gestapo tocaron a mi puerta otra vez. Esta vez, venían a recoger todas las posesiones de Mamá que el estado reclamaba. Se llevaron todo menos mi cama y media docena de cosas pequeñas. Como la Gestapo insistió que la mayor parte de mis posesiones pertenecían a Mamá, me darían el "privilegio" de volver a comprar algunas de mis cosas a precios muy inflados.

Yo no ofrecí resistencia mientras dos hombres se metieron dentro del cuarto y empezaron a poner mis cosas en cajas. Me miraron con curiosidad al rato, cuando uno me habló.

"¿Cuántos años tiene, muchacha?" dijo, sin interrumpir su ritmo de trabajo.

"Tendré diecisiete en mayo", le contesté.

"Otros de su edad estarían muy molestos si entráramos en sus casas e hiciéramos así. ¿Por qué usted no?"

"La histeria no me traería de regreso a mi Mamá, ni me permitiría guardar mis cosas", contesté con calma. "Mi fortaleza viene de Dios. El está en control de Alemania y de mi vida".

El que me había hablado volteó los ojos hacia el otro oficial de la Gestapo y siguió empacando. Haciendo varios viajes, sacando muebles y cajas, dejaron el apartamento vacio y solo. Se llevaron mesas, lámparas, y aun las alfombras, hasta que yo solo tenía una cáscara de cuarto. Mientras me puse el abrigo para salir al trabajo, se llevaron la última cosa.

"Puede guardar lo que quedó", dijo uno, y mirándome añadió, "Algunas cosas de las que hemos llevado usted puede volverlas a comprar". Me entregó un papel en el cual había escrito los altos precios de mis cosas.

"Puede llegar a la estación local de la Gestapo y pagar esta suma. Si no llega dentro de cinco días, el estado guardará las cosas o las venderá a otros".

Ni la iglesia ni mi pequeñísimo sueldo podría pagar el precio sumamente inflado de mis muebles y otras pertinencias. Montada en el tranvía al trabajo esa mañana, buscaba una respuesta. Después recordé que Mamá me había dado el teléfono de Papá para una situación así. No nos habíamos visto durante años. Tal vez la guerra le habría suavizado y él respondería a mi dificultad. Tuve duda en llamarle porque sentía que yo no podría aguantar un rechazo más. Pero fortalecida con el amor de Mamá, y el de Steffi, Gerhard, Wolfgang, Rudi y los miembros de la iglesia, decidí hacer la prueba y buscar la ayuda de Papá.

Esa noche después del trabajo, fui a la casa del Pastor Hornig para hacer la llamada a larga distancia a Papá, quien se había vuelto a casar y ya vivía en Sorau, unos 100 kilómetros de distancia. Con franqueza confesé al pastor de mi amargura y resentimiento hacia Papá.

"Anita", dijo el Pastor Hornig, "puede ser que tu amor y perdón lo ganarán para Jesús. No puede culpar a un hombre por haber cedido bajo la presión de los Nazis. Era su vida o la tuya".

Marqué el número que Mamá había puesto en el papel. Esperaba ansiosamente la voz familiar de Papá, sintiéndome muy incomoda.

"Es Anita", dije cuando él contestó. Parecía una eternidad antes de que él respondiera, y su tono de voz mostraba sorpresa pero placer al escuchar la mía.

"Le llevaron a Mamá a Theresienstadt en Checoslovaquia", le dije.

"Lo siento mucho", dijo Papá. "¿Te podría ayudar en algo?"

"Sí, si pudieras ayudarme a comprar mis posesiones que los Nazis confiscaron hoy. Inflaron el precio hasta más de mil marcos,* y sólo tengo cinco días para pagarlo o los entregarán a otros".

"Anita, tienes que creerme cuando te digo que me duele todo lo que te ha pasado. Por supuesto te ayudaré. ¿Tienes alguna noticia de Hela?"

"No, no hay correo de Inglaterra".

"Te enviaré el dinero en la mañana, Anita. ¿Te mantendrás en contacto conmigo? Tal vez puedes pasar un tiempo con nosotros aquí en Sorau. La guerra no ha llegado aquí y está en calma. Puedes estar más segura aquí".

La preocupación genuina de Papá me impresionó. Le comenté del dinero de Mamá y que había oído que era posible pagar la libertad de un prisionero. Esperaba poder hacer esto para Mamá si yo tuviera la oportunidad. A fin de cuentas, era dinero de ella. El estaba de acuerdo.

"Estoy trabajando en la oficina de una fábrica", le dije. "Posiblemente podría pedir un tiempo libre. Recuerda, sólo tengo cinco días para comprar mis cosas, entonces requiere prisa.

La ausencia de Mamá había puesto un anhelo en mi corazón para el amor de Papá, y yo sabía que Dios estaba obrando tratando de sanar mi herida profunda de amargura y resentimiento contra él.

Durante la primavera 1944, Steffi, Gerhard, Rudi, Wolfgang y yo nos reuníamos a menudo para compartir noticias de nuestras mamas. Nos permitían escribirles y enviarles paquetes de comida, pero cada carta y paquete fue examinado.

Con frecuencia después del trabajo, iba a la lechería, la carnicería y la tienda de verduras. Los dueños me conocían bien y sabían que se habían llevado a Mamá a Theresienstadt. Les expliqué que le enviaba casi toda la comida que les compraba con mis tarjetas de raciones. Como resultado, muchas veces ellos ponían algo extra para mí que excedía la cantidad de las tarjetas. A veces era solamente un huevo de más o un pedazo de queso o una papa extra, pero yo estaba agradecida con todo. Como demoraba

---

* Cerca de 5 dólares

como diez días para que un paquete llegara, solo pude enviarle a Mamá cosas imperecederas.

La comida que guardaba para mí era menos de una dieta de hambre. En la mañana comía un pan con una taza de café. No almorzaba, diciendo a la gente del trabajo que estaba de dieta. En la noche podría cenar con una sopa o algo de lechuga. Muchas veces horneaba un pan o una torta, pero siempre enviaba estas cosas a Mamá. Su postales me decían de su gozo infinito al recibir la comida.

Sobreviví ese régimen de hambre durante meses, pero no perdí ni una libra, ni me enfermé, ni perdí un día de trabajo. Dios me nutrió en una forma sobrenatural que nunca lograré entender.

Esa primavera, Alemania sufrió más pérdidas en la guerra, y sus ciudades seguían quemándose al intensificarse la guerra del aire. Breslau todavía había escapado las bombas, pero teníamos que cumplir con reglas estrictas de apagones que exigía que las luces de los carros fueran amortiguadas, las lámparas tapadas, y las ventanas de las casas cubiertas con gruesas cortinas.

Poco a poco otros jóvenes se unieron a nuestro pequeño grupo, para compartir noticias de sus madres en Theresienstadt. Muchos eran inconversos, y tratamos de compartirles nuestra fe, mostrando los muchos milagros en nuestras vidas que demostraban la soberanía de Dios y Su protección. Tomamos turnos leyendo las postales enviadas por nuestras madres, regocijándonos o llorando juntos según las noticias. Sin embargo, muy pocas noticias de las condiciones sumamente duras en los campos pudieron pasar por los correos. Mayormente los postales eran muy breves; nuestras mamás solo nos mandaban su amor y nos confirmaban que nuestros paquetes habían llegado.

Al aproximarse el mes de junio, sabía que tendría que enviarle a Mamá algo especial por su cumpleaños. Quería enviarle rosas, pero entendería que lo más que podría enviarle sería jacintos silvestres. También le hice una torta
llena de uvas pasas. También le conseguí algunas ciruelas y manzanas, envolviendo todo en un paquete bonito. Yo oré una protección especial sobre el paquete al envolverlo, pidiendo que llegara precisamente en su

cumpleaños. Dos semanas después un postal me dijo que había llegado precisamente ese mismo día.

Los Aliados llegaron a Normandía ese mes. Los rumores decían que todos los que tuvieran aún un abuelo judío iban a ser recogidos en un último intento para borrar la raza judía. Por supuesto, Hitler iba a cobrar a los judíos todos sus errores durante la guerra, siguiendo el patrón que antes había establecido.

A finales de junio, desperté una mañana caliente con una fuerte compulsión a ir rápidamente a la panadería y comprar un pan tostada zweiback. ¡Qué locura! pensé. Pero algo me decía que Mamá necesitaba desesperadamente zwieback esa semana y no el pan pumpernickel que siempre le había enviado, que era su favorito y que poco se volvía mohoso en el lento correo.

Sin embargo, no podía negar ese impulso interno de correr a la panadería después del trabajo esa noche y enviarle a Mamá el zwieback. Al enviárselo, hice una oración especial que llegara con una rapidez especial.

Más tarde recibí un postal de Mamá que explicó el impulso que yo había sentido. Ella había estado enferma y estaba casi muerta de la diarrea. Deseaba urgentemente un pan zwieback para ayudarle. En el crudo dormitorio del campo de concentración, se arrodilló, pidiéndole a Dios que El pusiera su necesidad en mi corazón. El pan llegó con una rapidez desacostumbrada, y a causa de eso, su salud fue restaurada.

Mamá había estado en Theresienstadt casi siete meses, y yo ya me había resignado a enfrentar la vida sola, sabiendo que mi Padre Celestial me estaba cuidando y que me amaba más de lo que lo podría hacer un padre o una madre terrenal. Vi como El me daba la sabiduría como de un adulto, aunque solo tenía diecisiete años. Tenía una paz increíble, la que había pedido que fuera una realidad en mi vida. La tenía aún después de oír las historias horripilantes de los campos de concentración Nazi. Prisioneros escapados nos dijeron la verdad sobre los campos de muerte y las prisiones, y otros lograron pasar mensajes en clave a sus seres queridos sobre todo eso. Pero mayormente, el pueblo alemán no sabía del dolor y de la carnicería de los campos, porque los Nazis buscaban mantener los hechos escondidos de los ojos del mundo.

Pan Zweiback

Las historias de los campos contaron de la muerte de multitudes por gas o fusilamientos. Después de la muerte por gas, los cuerpos eran incinerados en hornos gigantescos. Grandes chimeneas echaban hollín de los cuerpos, extendiéndose hasta cubrir casi toda Europa. Otros prisioneros o en algunos casos, miembros de la misma familia, fueron forzados a romper los huesos que quedaron y sepultarlos.

En algunos campos, los prisioneros eran forzados a trabajar hasta la muerte. En otros, los mataban de hambre, o los dejaban morir por falta de cuidados médicos y medicamentos.

La noticia filtró se sobre la muerte masiva de tres millones de prisioneros de guerra de los Rusos. Frecuentemente los prisioneros de los Rusos fueron puestos en "jaulas" porque no había cupo para todos en los campos. Los saludables, los enfermos, y los moribundos fueron puestos todos juntos en estas jaulas. Después, para evitar que las enfermedades se extendieran, les prendieron fuego, destruyendo a los muertos y a los vivos juntos.

Sabíamos también que gran parte del jabón utilizado por los Alemanes venía de la grasa humana de los prisioneros, y cabello humano llenaba muchos colchones. Las reservas de oro de Alemania se aumentaron por los empastes de oro sacados de los dientes de prisioneros muertos.

Las cosas más horrorosas tomaron lugar en Auschwitz, de donde muy pocos escaparon o sobrevivieron para contar sus historias. Se calcula que casi tres millones perecieron allí, un ochenta por ciento del total de personas enviadas allí.

La historia más macabra salió a principios de 1944, y fue documentada después. Hitler le informó a Himmler que no era suficiente que murieran los judíos, sino que tendrían que morir en agonía, ya que solo eran microbios, y no personas. Himmler recibió la orden de idear un plan para hacer que miles de judíos murieran una muerte terrible. Concibió la idea de poner a prisioneros judíos en carros del ferrocarril, cuyos pisos fueran cubiertos con una capa de óxido de calcio deshidratado. La sustancia causaba quemaduras horribles, y los prisioneros muchas veces sufrieron por días antes de morir una muerte horrorosa en los carros, que fueron puestos en un lugar solitario.

Atrapada En El Infierno De Hitler

Hitler solo tenía que susurrar, y diez mil prisioneros morirían ese día. Pero lo que iba a asombrar al pueblo alemán más adelante sería la exterminación de muchos de su propio pueblo—los enfermos, los ancianos, y los enfermos mentales.

Pero en 1944 también llegaron buenas noticias. Hubo un intento de asesinar al Führer, y los Aliados empezaban a tener victorias significativas, incluyendo las ciudades de París, Bruselas, y Holanda. Los Soviéticos continuaron haciendo grandes avances, mientras que Rumania y Bulgaria lucharon para librarse y declarar la guerra contra Alemania. Todo eso daba esperanzas, y los verdaderos Cristianos en Alemania y seguramente también en todo el mundo se arrodillaban para clamar un rápido fin a la guerra.

Ciudades alemanas por docenas terminaron en ruinas humeantes mientras que la Federación del Ejército Rojo y los Americanos siguieron bombardeando los puntos estratégicos en todo el territorio alemán. Por cada acto de agresión alemana maligna contra los Aliados, estos se vengaban con fuerzas aún más destructivas. Incontables miles de personas perecieron en las ciudades alemanas. Al principio, los sobrevivientes con valor se salían de los escombros para reedificar sus fábricas y ciudades, y no tenían dudas del Führer, que seguramente sabía hacer lo mejor para Alemania. Pero poco a poco el espíritu de guerra de los Alemanes

Una foto de parte de la fortificación de Ravelín y el patio de la prisión del Gestapo en la pequeña fortaleza de Theresienstadt.

mermaba. En un solo ataque, cien mil Alemanes podrían ser volados en pedazos.

Lógicamente, la mente y el cuerpo humano no podían aguantar semejantes presiones e inseguridad, especialmente si tuviera un ser querido en un campo o si estuviera en la lista negra Nazi. Unido a los otros horrores era la amenaza constante de una experiencia en un campo de muerte, después del temido golpe en la puerta a medianoche. La lista negra Nazi incluía más que los judíos. Allí también aparecían los Cristianos sospechosos de haber ayudado o escondido a judíos, o una persona que habría dicho algo anti-Nazi. Finalmente todos nosotros terminaríamos llevados a los campos de muerte a menos que los Aliados—con la ayuda de Dios—nos rescataran.

Un día, mientras hacía mi trabajo de rutina en la oficina de la fábrica, estaba perdida en mis pensamientos. Me daba pena como el estómago me rugía, porque había enviado las raciones de los dos días anteriores a Mamá en Theresienstadt. Ella había recibido casi todas mis raciones durante los últimos meses.

"Hay una señorita que quiere hablar con usted, Srta. Dittman", dijo la voz de mi jefe. Me tuvo bajo sus ojos sospechosos mientras yo iba al teléfono. Era mi buena amiga Steffi, cuya voz sonaba casi histérica.

Auschwitz

"¡Me han ordenado estar en la estación del tren mañana a las 10:00 a.m., Anita!" dijo rápidamente. "Probablemente tú también recibirás un aviso, cuando llegues a la casa. ¡Oh Anita, tengo tanto miedo!"

Steffi y yo habíamos llegado a ser muy buenas amigas desde que se llevaron a nuestras mamás a Theresienstadt siete meses atrás. En cierto sentido, ya éramos casi familia—más cerca de lo que Hela y yo habíamos sido.

"Está bien, Steffi, iremos juntas entonces. Dios nos ha protegido hasta el momento. Además, la guerra debe pronto…" Dejé de hablar en seco. ¡Qué tonto arriesgarme a decir algo así!

"Agarra bien la mano de Jesús esta noche, Steffi".

El aviso de la Gestapo me estaba esperando cuando llegué a casa del trabajo esa noche. Un aviso en vez de un golpe en la puerta era tal vez debido al hecho de tener un padre ario. La locura de la guerra tenía tales incongruencias. Tenía que estar en la estación del tren a las 10:00 a.m. con solamente una pequeña maleta. Nuestra hora había llegado. Era inevitable, porque personas con menos sangre judía habían sido llevadas meses atrás. Solo Dios había hecho que los Nazis no me llevaran antes.

"Oh, amado Jesús" susurre al tirarme en mi cama y esconder mi cara en el almohada esa noche. "Creo que Tú me puedes dar la fortaleza para pasar esta prueba. Tú siempre estás probando mi fe. Amado Jesús, muéstrame cómo decirle a Mamá que me llevaron. Ella tiene que saber para poder orar por mí y también para saber por qué los paquetes de comida que le enviaba no irían más".

Mi almohada estaba mojada con mis lágrimas. No había forma de enviar mensaje al Pastor Hornig antes de salir en la mañana. Cuando él ya estuviera enterado, yo estaría lejos, viajando a algún destino desconocido. Pero sabía que él iba a darse cuenta y que iba a orar a Dios por mi protección cada día. Yo sabía que las oraciones fervientes de los Cristianos de la iglesia me iban a acompañar en el viaje difícil que me esperaba.

Tenía que intentar enviarle a Mamá una nota sobre mi arresto. Posiblemente podría poner una nota en un bollo de pan. ¡Sí, valdría la pena hacer el intento! Si yo corriera, tal vez la panadería todavía estaría abierta. Corrí a la panadería unas cuadras de distancia, volteando entre la gente cansada regresando a casa después de su trabajo. Sus caras me decían que ellos sabían que Alemania estaba perdiendo la guerra. Aun sí nadie dijera nada en voz alta, tenían una resignación callada.

Compré un pan de dos libras y corrí a casa para terminar mi tarea principal antes de salir por la mañana. El pan tenía una etiqueta con el nombre del fabricante. Esto iba a ser perfecto. Con cuidado levanté la etiqueta e hice un pequeño hueco en el pan lo suficientemente grande como para poner allí una nota para Mamá:

> Querida Mamá, salgo para un campamento mañana, de modo que no te enviaré más comida durante un tiempo. No te preocupes por mí. Estaré bien. ¡Pronto estaremos juntas de nuevo! Con amor, Anita

Con cuidado puse la nota enrollada dentro del pan y puse otra vez la etiqueta en su lugar. Al terminar de envolver el pan, una calma maravillosa inundó todo mi cuerpo. Es como si la mano de Dios estuviera puesta en mi hombro, y Su voz de consuelo diciéndome: "Anita, solamente confía en Mí, nunca te dejaré ni te desampararé. Aunque andes en valle de sombra de muerte, no necesitarás temer mal alguno, porque Yo estoy contigo".

Como nos instruyeron, puse unas pocas cosas en una mochila: una olla, una lata, una cuchara y un tenedor, jabón, una toalla, y un cambio de ropa. Con cuidado envolví mi Biblia, la que me había regalado el Pastor Hornig. Sabía que era posible que me la quitaran, pero trataría de mantenerla. Después me acosté para pensar y orar. Era una noche caliente y húmeda de agosto, una que de costumbre me habría mantenido despierta buscando una brisa de aire fresco, o escuchando el sonido de una sirena de advertencia. En lo humano, no habría tenido sentido que tuviera una noche de sueño pacífico como nunca antes en mi vida, a pesar del futuro que enfrentaba.

Un poco antes de las 10:00 a.m. la siguiente mañana, vi a Steffi en la estación. Tan pronto que nos vimos, corrimos para abrazarnos. Steffi empezó a llorar otra vez, y yo le cogí la mano mientras esperábamos las instrucciones de lo que íbamos a hacer.

"Todo esto está pasando con el permiso de Dios", le aseguré. "El me ha dado la plena seguridad que estaremos bien, y que también nos reuniremos otra vez con nuestras madres pronto. ¡No te desesperes tan fácilmente, Steffi! ¿Dónde está tu fe?"

"Nunca ha sido fuerte como la tuya, Anita", dijo suavemente. "Necesito que la tengas para las dos". Ella descansó su maletín y limpió las lágrimas de sus mejillas, que brillaron en el caliente sol de la mañana. Por todos lados la temerosa gente corría, abriendo camino, y ahora esperaba el próximo paso. Reconocía a muchos, después de toda una vida en Breslau, y también vi a los hermanos Wolf. La mayoría, como en mi caso y el de Steffi, tenía solo uno de sus padres Judío.

Dios en Su bondad tenía varios creyentes entre la gente asustada que subió este tren de carga. Reconocí a varios que habían aceptado a Jesús con el Pastor Hornig. Algunos de nosotros habíamos escapado a los campos hasta ahora porque creíamos en Jesús, no algo típico entre los judíos. Nos habían visto participando en los cultos de las iglesias protestantes. En los ojos de los Nazis, nuestra sangre estaba contaminada y lejos de ser aria perfecta, pero no nos consideraban "bacteria" como los judíos que habían sido arrestados antes de nosotros.

También entre nosotros en la estación ese día estaban los judíos practicantes que fueron llevados en este último esfuerzo Nazi para limpiar a Alemania y todo el mundo de los judíos.

Ahora los seres humanos "impuros" fueron subidos a la fuerza a los carros del tren por hombres de la SS que gritaban y marchaban de arriba para abajo con rifles y pistolas. Los asientos de los carros y las ventanas estaban lisos con el hollín de una Alemania en llamas, pero nos sentimos afortunados por no tener que ocupar carros para ganado como muchos de nuestros familiares en días pasados. Mientras los soldados de la SS gritaban sus órdenes, Steffi y yo subimos, buscando donde sentarnos juntas. Hablamos libremente pero sin ningún comentario que podría considerarse anti-Nazi.

"¿Dónde piensas que nos mandarán?" preguntó Steffi cuando por fin pudimos encontrar un puesto.

"Tal vez a algún campo de trabajo", contesté, descansando mi mochila en las piernas. "No será por mucho tiempo, Steffi".

En todo el carro se oían lamentos y el lloro, sonidos de toda la gama del desespero humano. Sentí que una nube satánica había estado sobre el Reich durante diez años, y ahora era como si todos sus demonios de temor y desespero se desataran para ocupar todos los corazones que no conocieran a Jesús.

Los Nazis estaban convencidos que los judíos en todo el mundo soplaban la trompeta de guerra, siendo por su raza y nacimiento miembros de una conspiración internacional contra la Alemania Nazi. Vistos así, cada Judío que vivía era enemigo de Alemania. Si los judíos eran pasivos y humildes y no agresivos, Hitler insistió que eso se debía a cobardía y no porque sus corazones fueran libres de odio hacia Alemania. El desprecio de toda Alemania también se caía sobre cualquier persona que ayudara o amara a un Judío. Siempre yo temía por la vida del Pastor Hornig, porque pocos hombres alemanes habían hecho todo lo que él hacía a favor de los judíos.

Los hermanos Wolf estaban sentados detrás de nosotras. Rudi se inclinó hacia nosotros, y dijo en voz baja, "Oí decir de los hombres SS, que vamos al campo Barthold cerca a Schmiegrode. Es un campo de trabajo". El se enderezó al ver un hombre SS marchar por el pasillo, contando cabezas.

Al salir el tren lentamente de Breslau, miré de reojo a mi mochila para ver si mi pequeña Biblia todavía estaba allí. Si no nos dieran suficiente alimento terrenal, quería estar segura de que tendríamos alimento espiritual. "Tenemos un Dios muy grande, Steffi", dije suavemente. Steffi tenía la mirada fija en nada, sin ninguna emoción en la cara. Parecía perder el sentido de la realidad. Rápidamente oré por ella, y de repente sus ojos enfocaron otra vez y me miró. Señalé la Biblia envuelta en papel café en mi mochila, y las dos sonreímos.

El tren pasó por los campos de Alemania durante dos horas, y me sorprendió ver tan poquita destrucción allí, aunque sabía que los Aliados habían concentrados sus ataques en las ciudades principales. Pocas ciudades habían escapado los ataques aéreos nocturnos. Dresden era casi la única ciudad todavía intacta. No sabíamos cuanto tiempo duraría eso. Pero las colinas verdes y los cultivos demostraban tranquilidad. Me pregunté si los granjeros sabían del terrible sufrimiento que estaba ocurriendo dentro de pocos kilómetros de sus fincas, donde ciudades en ruinas echaban humo y tenían víctimas innumerables debajo de sus escombros. ¿Sabían los habitantes del campo, al ver por sus ventanas que pasaba nuestro tren, que Hitler consideraba su carga humana de menos valor que el ganado que pacía tranquilamente en las laderas? Tal vez estos mismos granjeros asistían a sus iglesias los domingos y oraban al Dios judío (y gentil), al mismo tiempo que rechazaban a los judíos.

Viajamos en silencio, la mayoría de nosotros sintiendo demasiado temor como para hablar. Observé las caras de las personas en mi carro—sus ojos miraban al espacio, con incertidumbre en sus rostros rígidos. Yo estaba muy agradecida al Señor por Su paz muy dentro que me daba la plena seguridad que Dios tenía todo bajo Su control, no solamente nuestras vidas sino también Alemania, los países Aliados, y todo el mundo tan cansado de la guerra.

Cuando el tren llegó al pueblo de Schmiegrode, salimos rápidamente, algunos siendo empujados por las culatas de los fusiles. Los hombres fueron enviados por un lado, las mujeres a otro. Tres guardas armados llevaron a nosotras las mujeres, que éramos como unas 150, sobre las calles de guijarro varias cuadras, hasta llegar a un lugar silvestre. Caminamos alrededor de dos kilómetros hasta un antiguo campo de trabajo que en realidad sólo consistía en un granero grande, un establo para caballos, y un edificio principal para el personal Nazi. El granero iba a servir de dormitorio para las mujeres, y el establo para los hombres. En silencio caminamos con rapidez, entrando por el portón, y después paramos en formación como nos habían mandado.

Después de contarnos, nosotras fuimos llevadas al granero y ordenadas a estar firmes mientras un guardia de la SS nos dio nuestras instrucciones. Nos miraba con desprecio y marchaba de arriba hacia abajo demostrando su autoridad frente a nuestra formación.

> **Por lo cual estoy seguro de que ni la muerte, ni la vida, ni ángeles, ni principados, ni potestades, ni lo presente, ni lo por venir, ni lo alto, ni lo profundo, ni ninguna otra cosa creada nos podrá separar del amor de Dios, que es en Cristo Jesús Señor nuestro.**
> **Romanos 8:38-39**

Diez

EL CAMPO DE TRABAJO

"Este es su nuevo hogar", nos dijo el jefe, con una sonrisa sarcástica. "Espero que les guste. No tienen muchas opciones". Se rió de nosotras con una expresión de desprecio. "Van a dormir encima de la paja en el piso. Cada una tendrá dos cobijas de caballo. Pueden usar una para poner sobre la paja, y pueden ocupar el sitio que quieran en el granero. Afuera hay una llave de agua fría. Pueden bañarse con agua de la llave usando los baldes que les daremos, o si quieren, pueden bañarse en la quebrada. La letrina está atrás. Es solo una zanja abierta, pero es suficiente para ustedes". Dejó de hablar pero seguía marchando de un lado a otro.

"Empezando mañana por la mañana, les pondremos a trabajar. El Führer ve con favor a los que trabajan fuertemente. Como el día laboral alemán ha sido alargado a diez horas, así será su horario también. Será labor fuerte para algunas. Les despertaremos a las 4:00 a.m. y estarán paradas en formación en el patio del campo, donde van a contarles y darles una tajada de pan. Después marcharán unos pocos kilómetros al lugar de trabajo. Es como una hora de camino a pie. La mayoría de ustedes cavarán zanjas para formar un obstáculo a los tanques rusos cuando vengan. Sus noches estarán libres para ustedes ocuparse como quieran. Vamos a asignar a una líder de grupo para cada diez mujeres, y su líder les conseguirá los baldes en que lavarán su loza, su ropa, y para bañarse . Le daremos a cada una un jabón, pero este tiene que durar muchas semanas. No podemos darles lujos, y nos tienen que dar un día de trabajo honesto. Por su labor, les pagaremos 20 marcos por mes. Espero que aprecien nuestra generosidad, porque en ningún otro lugar en Alemania reciben los prisioneros compensación por sus labores. Deben de admirar a nuestro Führer por su bondad hacia ustedes". Nadie se movió ni demostró ninguna emoción.

"Vístanse de ropa liviana porque el trabajo va a ser caliente. Pueden tener un descanso a mediodía para tomar sopa y agua. Cualquier intento de fuga resultará en un castigo tan drástico que la muerte sería un alivio preferible. ¿Todo entendido?"

Asentimos con la cabeza, y dijimos "¡Sí, señor!"

"A propósito", dijo volteándose a la entrada del granero, "no tendrán ningún día libre a menos que llueva. ¡Pero, como ven, les ha abandonado aún su Dios, porque no ha llovido durante todo el verano!" Se rió a carcajadas, pensando en la situación irónica. "Recibirán unas raciones a las 5:00 p.m. ¡Bienvenidas al Campo Barthold, señoras!" Con esto, dio el acostumbrado Heil Hitler y salió.

Corrimos en el granero, buscando cada una su espacito de dos metros. Después que Steffi y yo habíamos escogido un lugar donde podríamos estar juntas, nos acostamos en la paja.

"Por lo menos, no es Auschwitz", le comenté, "y no nos han afeitado la cabeza". Esa práctica era común en muchos campos. "Vamos a agradecerle al Señor todo eso y orar que llueva cuarenta días y cuarenta noches. Dios hizo esto una vez, como sabemos. Así no tendríamos que hacer todo ese trabajo pesado." Steffi sonrió levemente.

Algunas de las mujeres entre nosotras solo tenían catorce años, y otros ya tenían más de sesenta. ¿Cómo aguantarían las más ancianas el pesado trabajo? A las cinco de la tarde, entramos donde nos iban a dar las raciones. Nadie había comido desde temprano esa mañana, y aparte de nuestra hambre, también estábamos cansadas y sudadas después de las horas en el granero caliente. El solo pensar en un trabajo manual bajo el calor de agosto durante diez horas al día era abrumador. Pero ¿no le había dicho yo a Steffi que teníamos un Dios muy grande, Quien hace milagros y Quien nos daría la fortaleza necesaria si solo se lo pidiéramos?

El Campo De Trabajo

La cena esa noche era solamente una sopa aguada con unos grumos de una sustancia de dudoso origen. Tenía mal sabor pero lo comimos de todos modos. Para las comidas, íbamos a estar en fila juntamente con los hombres. Esto sería el único tiempo que los esposos y esposas podían estar juntos, aparte de una visita ocasional bajo el ojo vigilante de un guarda. Esa noche, cada uno recibió una tajada de pan, pero nos advirtieron que era la ración del desayuno, y que la próxima comida sería la del mediodía. Aunque queríamos comer el pan, sabíamos que era necesario guardarlo para el desayuno o no aguantaríamos las largas horas de trabajo en la mañana.

Esa noche las mujeres empezamos a conocernos. Cada una habló del temor que tenían por el destino de sus seres queridos que habían sido llevados, unos hacía meses, otros hacía años. En muchos casos, nunca volvieron a saber de sus familiares y amigos. Yo estaba muy agradecida con Dios que permitió que Mamá y yo pudiéramos tener comunicación durante los meses de nuestra separación. No tuve que aguantar un tiempo

Trepas alemanas observan a un grupo de judios, un hombre y el resto mujeres, en un lote en Cracow- 1939-1940

largo y triste preocupándome si ella estuviera con vida o no; esto era otra demostración de la bondad de Dios. Al caminar por el granero saludando a otras mujeres, conocí a algunas creyentes que habían aceptado a Cristo por el ministerio del Pastor Hornig.

"Yo tengo una Biblia", les comenté con entusiasmo. "Podremos leerla juntas por las noches si quieren". Muchas me sonrieron felices, pero otros se habían debilitado en su fe a causa de las luchas que habían aguantado. Todavía otros iban a dejar de confiar en Dios allí en el campo, dudando de Su bondad en vista de su triste situación. Pero algunas se iban a acercar más a El precisamente por la vida en el Campamento Barthold.

El área de la letrina estaba totalmente abierta, y llegó a ser un lugar de diversión para los guardias, ya que no existía ninguna privacidad. Nuestras raciones tan pobres y la dieta de tan mala calidad eventualmente produjo una terrible disentería. Pero nos informaron que la persona que no llegara a tiempo a la letrina tendría que pagar la multa de un mes de sueldo. Un joven valiente habló en contra de una multa tan exagerada, diciendo "Aún los baños públicos en Breslau solo cuestan diez centavos". Todos los del campo se rieron. Inmediatamente el guarda SS que había anunciado la advertencia caminó hasta el hombre y le golpeó fuertemente en la cabeza. Así fue silenciado todo intento de levedad frente a los guardias.

A las 4:00 a.m. nuestro corto sueño fue interrumpido bruscamente por una voz de mando diciendo "¡Levántense todos! ¡Formación en media hora!"

Nuestros cuerpos se quejaban pidiendo más sueño, pero eventualmente se acostumbrarían a la cuota de cinco horas. Busqué mi preciosa tajada de pan, y solo encontré manchas de ratas. Sin excepción, las ratas y otras criaturas del granero habían comido todas nuestras raciones de la mañana. Desde ese día, guardamos nuestro pan bien seguro dentro de nuestras mochilas.

Después de solo una taza de café tibia a las 5:00 a.m., marchamos una hora al lugar de trabajo. Encontramos que los hombres trabajarían en otra área, pero ocasionalmente nos ponían a trabajar la misma área, cavando las mismas zanjas. Esto era un gozo muy grande para las parejas casadas, que podrían así trabajar lado a lado en las zanjas durante las diez horas completas de la jornada.

El Campo De Trabajo

Con frecuencia Steffi y yo pudimos trabajar juntas, pero cavar era casi imposible para ella. Había sido más consentida de niña que yo, y no estaba acostumbrada a semejantes durezas y al sufrimiento de su corazón. Su fe era más débil que la mía y sus fuerzas menos. Dios me había dado una abundancia de fuerza física, a pesar de la dieta tan pobre de los últimos siete meses.

El trabajo era tan fuerte como el sol de agosto. Nos dieron equipo pesado para la labor de cavar, como palas y picos; y teníamos que formar zanjas de dos metros de profundidad. Si descansamos los brazos solo un momento en la pala, los guardas nos amenazaban o nos pegaban con un aparato rústico que servía de látigo. Mientras que trabajamos fuertemente y nuestro sudor corría a chorros, pudimos hablar con la compañera de trabajo. Pudimos hablar de cualquier cosa menos algo contra Hitler, así que yo aprovechaba del tiempo buscando animar la fe de una hermana débil o compartiendo a Cristo con una inconversa. Algunas Judías estaban completamente opuestas al evangelio, mientras otras, dadas las circunstancias, escuchaban con cortesía y hacían preguntas. Sentimos la tentación de hablar de Hitler o de la guerra, pero eso era imposible.

Bajo el fuerte sol, sudamos copiosamente. No había nada de sombra. Comimos el polvo que salía de nuestras labores. Nuestros cuerpos dolían con cansancio al llegar el mediodía, pero todavía nos faltaban cuatro horas de trabajo. Después del primer día, nuestras manos tenían grandes ampollas y nuestras espaldas sentían romperse. Si un guarda no estaba observándonos, tratamos de descansar un momento. Vivíamos por el sonar del aviso del mediodía. Un vagón tirado por caballo llegaba con baldes de agua y sopa igualmente aguada, pero todo líquido era bienvenido ya que nuestra sed excedía nuestra hambre. Pudimos descansar y hablar durante media hora. Steffi y yo nos sentábamos juntas y soñamos de mejores días.

"¿Por qué Dios permite esto?" preguntó Steffi ese primer día. "¿Por qué El permite la matanza de nuestro pueblo?"

Nos recostamos sobre el pasto reseco del lugar. "Pero pensemos en los vivos, Steffi. Tú y yo viviremos para contar nuestra historia. Yo sé que Dios llora cuando alguien muere, especialmente a manos de hombres inspirados por Satanás y con sed de poder". Susurré para que el guarda no pudiera escuchar. "Pienso que Dios llora lágrimas reales, tal como tiene que haber hecho cuando Jesús fue crucificado. El mundo quedó en oscuridad porque Dios no podía mirar el pecado sobre Jesús cuando sufrió allí. Pero Steffi, El si nos ve, y El oye los anhelos más profundos de nuestros corazones".

Steffi asintió un poco escéptica.

"Tú verás", le dije.

La tarde trajo más horas de trabajo pesado. En futuros días a veces nos asignarían otras compañeras y así teníamos la oportunidad de hacer nuevas amistades. Ocasionalmente nos permitían escoger con quien trabajar, entonces siempre escogía a Steffi para que la pudiera animar, porque me parecía que su depresión iba en aumento.

Al final de la tarde nos pusieron en fila y empezamos la larga marcha al campo. Muchas veces cantábamos las canciones alemanas tradicionales , o marchas. Los guardias querían que cantáramos canciones del Reich, pero eso lo rehusamos rotundamente; nos sorprendió que no nos castigaran. Al marchar y cantar, ojos curiosos nos observaban desde las ventanas de las casas de los granjeros. Yo estaba segura que yo pude ver compasión en las caras de las personas, a pesar de que eran muy instruidos en la propaganda Nazi. Mi sentimiento resultó ser acertado, porque más adelante los agricultores a menudo arriesgaban sus vidas, llevándonos a escondidas papas cocidas, verduras, o leche de manteca. También nos daban noticias de los frentes de batalla o lo oído por la debil señal del radio subterráneo de otro país. No pudieron darnos muchos detalles, pero sabíamos con seguridad que Alemania estaba sufriendo golpes muy fuertes ese verano de 1944.

Entre las mujeres en el granero había artistas, músicos, bailarinas, y cantantes. Cada noche tratamos de distraernos de alguna manera. Los actores hicieron un drama de pantomima, los músicos escribieron canciones o cantaron especiales, y las bailarinas muchas veces hacían presentaciones. Alguna clase de distracción era amena a todos. En las primeras semanas, las condiciones todavía no eran tan difíciles que pudieran hacer que las mujeres se volvieran unas contra otras. Eso llegaría más adelante.

Pronto yo sabía cuales mujeres querían leer la Biblia conmigo; y casi cada noche nos reuníamos en un pequeño círculo en un rincón del granero para cantar himnos, leer la Biblia, y orar. Tratamos de edificarnos y animarnos mutuamente, y nuestro grupo creció de seis personas a diez en menos de una semana. Enfocamos un milagro cada día, diciendo como Dios nos había protegido o había provisto una necesidad. Cada día Dios hacía algún pequeño milagro que podíamos compartir. Más y más creyentes se animaron a compartir el evangelio de Jesús con sus compañeras de trabajo. Dios les ayudaba a recordar pasajes enteros de las Escrituras que habían memorizado muchos años atrás. Mientras compartían, venían las palabras instantáneamente.

Muchas veces Dios llenaba nuestros estómagos con cantidades mínimas y nos daba cuerpos renovados y descansados después de solamente cuatro o cinco horas de sueño. En nuestros momentos de más desaliento, un granjero local haría llegar a nosotras las noticias que pronto los Aliados aplastarían Alemania y liberarían a todos los prisioneros. Dios rara vez permitía que llegáramos a un punto de desespero aplastante, porque al momento preciso mandaría a alguien (pudo haber sido un ángel), para darnos una buena noticia o alimento físico de la cocina de la gente de allí.

Pero una cosa por la cual oramos cada día no nos fue dada: ¡la lluvia!

Durante seis semanas no llovió, entonces no tuvimos ningún día libre. Los Nazis se gozaban en burlarse de Dios, diciendo que El nos tenía poca misericordia.

Mientras marchamos a trabajar en las primeras horas antes del amanecer cada mañana, cogía firmemente la mano de Steffi, siempre orando que Dios me diera las palabras precisas para animarle, a medida que su incredulidad crecía.

"Somos muy libres comparadas con algunas", le dije una mañana. "No tenemos alambres de púa, y Barthold no tiene cámaras de gas".

"Los animales del bosque tienen más que nosotras", contestó Steffi. "Por lo menos tienen comida. Sus estómagos no lloran con dolor porque no han comido".

"Son cazados, lo mismo como nosotras. Dios les ha dado rapidez, y a nosotras mentes agudas, para poder librarnos de la gente mala. Tú verás. Dios nos librará y será un milagro".

"El ni nos ha dado lluvia todavía", replicó Steffi con desaliento.

"Pero Sus 'ángeles' nos trajeron leche de manteca y huevos cocidos anoche, Steffi, entonces nuestros estómagos ya no lloran de dolor.

Durante agosto y septiembre pudimos bañarnos en la quebrada y quitar el polvo y sudor pegados a nuestra piel. Las cascadas de agua de la quebrada eran gloriosas, refrescando nuestros cuerpos y dándonos un masaje.

Todos estábamos delgados a causa del trabajo duro y la falta de comida adecuada. Perdí peso rápidamente, aunque las lecciones de ballet y el atletismo de mi niñez me permitieron todavía mantener mi coordinación y trabajar bien. Las dolorosas ampollas en las manos se volvieron callos y mi cuerpo se encogió dentro de mi ropa de trabajo. El sol ardiente había dado a mi piel la apariencia de cuero color marón y tonos blancos en mi largo cabello amarillo.

Rudi Wolf consiguió permiso para hablar conmigo caminando por el campo una noche después de la cena. El caminó más rápido cuando me vio esperándole cerca al granero. A la luz de la luna vi que su cara demostró nuevo ánimo.

"¡Anita, tengo muy buenas noticias!" dijo casi sin aliento. Caminamos rápidamente alrededor del campo en plena vista de los guardias, hablando bajito. Pero cuando un guarda estaba cerca, hablamos más duro, de cosas triviales para no despertar sospechas.

"Siempre sabía que había esperanzas, Rudi. ¿Qué hay?"

"Hoy, mientras cavaba una zanja, estaba trabajando en la finca de un anciano granjero. El salió de su casa y conversó conmigo mientras yo cavaba. Los guardas no lo pudieron vernos porque estábamos a más de dos metros de profundidad. Me dijo que dos familias de Berlín están viviendo con él, y que los civiles están huyendo de las ciudades al campo porque las ciudades ya son grandes tumbas. ¡Anita, Alemania está perdiendo la guerra y no puede aguantar mucho tiempo más!"

Miramos por encima de los hombros para asegurarnos que nadie nos seguía.

"El dijo que durante todo el verano las ciudades alemanas han sido aplastadas por los Aliados", continuó Rudi. "Los Aliados están usando bombas de muy alta potencia explosiva, que hacen mucho daño. Tan pronto que una ciudad se repara, las bombas caen de nuevo sobre ella".

El Campo De Trabajo

"¿Cuándo piensas que todo terminará?"

"En estos momentos los Rusos están en las fronteras del Reich. Roma ha sido liberada, juntamente con otras ciudades. La guerra se ha perdido. La única incógnita es si producirá la destrucción total de Alemania. ¡Y Anita, algunos campos de concentración también han sido liberados! Treblinka y otros han sido liberados por los Rusos. Es sólo cuestión de tiempo".

"Tenemos que orar, Rudi, que Dios tenga misericordia del pueblo alemán. Ellos han sido títeres de Hitler, y han sufrido tremendamente".

"Tengo malas noticias también, Anita". La cara de Rudi se puso rígida con dolor y sus ojos se llenaron de lágrimas. "El anciano granjero me dijo que noticias llegaron que en Auschwitz, seiscientos mil judíos habían sido matados por gases en las últimas semanas en un último esfuerzo para exterminar a todos los judíos allí. Adolfo Eichmann finalmente ha admitido a Alemania, que seis millones de judíos han sido matados hasta ahora por el Reich, por la cual dice Hitler que el mundo estará eternamente agradecido.

No pude contestar. Rudi y yo caminamos en silencio. Algún día el mundo iba a saber.

Unos momentos más tarde, pude quitar el nudo de la garganta. "¿Tuvo el granjero noticias de Theresienstadt?"

pregunté con miedo.

"No, pero creo que los Ruso se acercan a ella".

Pasos rápidos nos alcanzaron y pronto el cañón de un fusil nos separó. "Ya basta. Vuelva al granero, muchacha", me gritó el guarda.

Estaba a la vez feliz y triste por las noticias de Rudi. Los días "gloriosos" del Reich se iban terminando.

Los días monótonos en el campo se convirtieron en semanas. Nuestras raciones de pan mermaron, y las porciones de sopa se volvieron más feas. Mi estómago, debilitado por el fuerte ataque de ictericia un año atrás, se rebeló contra la dieta, y no pude comer sino muy poquito. Aunque seguía perdiendo peso, mi Padre Celestial me daba las fuerzas suficientes como para seguir con el horario de trabajo sin llamar la atención de los guardas. Otros sufrieron más a causa del calor; era el verano más caliente y más seco en toda la historia de Alemania. Mi corazón se dolió por los que se desmayaban cada día bajo el sol de la tarde. Fueron tratados con muy poca misericordia o alivio. Sobre ellos se vaciaba un balde de agua fría, seguido por un regaño severo sobre la fortaleza de la raza pura aria y la debilidad nuestra, siendo despreciables judíos. Después volvían a poner un pico en la mano de los caídos, y la culata de un fusil los mandaba otra vez a las zanjas.

Nosotros los creyentes aguantamos los días interminables y las noches cortas, porque pudimos edificarnos los unos a los otros. Conocía a todas las mujeres que habían profesado su fe en Cristo, pero no estaba segura de los hombres. Un caluroso día de septiembre, cuando el sol ardiente ya iba bajando, me asignaron a cavar con Gunter Czech. Era un joven de diecinueve años, y su cara irradiaba un gozo que venía de una fuente interior. Dentro de pocos momentos nos identificamos como creyentes judíos en Jesús. ¡Qué felices nos sentimos al saber eso! Casi no nos cansaba cavar el pesado suelo ese día, porque en espíritu nos sentíamos en el mismo espíritu. Además, resultó que nuestras mamás también se conocían.

"Gunter, su mamá se llama Hilde, como mi mamá. Mamá me hablaba de Hilde Czech. Estaba tan feliz de conocer a otra señora judía que creía en Jesús".

"Y al pensar en esto", comentó Gunter, "mi mamá me mencionó el nombre de Hilde Dittman". Gunter seguía cavando, mientras que el sudor corría por nuestras caras, aunque el sol ya no pegaba tan duro.

"¿Qué pasó con tu mamá, Gunter?"

"Ella está en Theresienstadt".

"¡Gunter, mi mamá también!" Gunter me sonrió contento. "Anita, si salimos de aquí algún día, podremos encontrarnos en Theresienstadt cuando vamos en busca de nuestras madres. Tal vez podremos ir juntos".

Marchando al granero esa tarde, tenía un contentamiento glorioso. Siempre yo había estado animando a otra persona, dando lo mejor de mí hasta que me sentía casi seca. Hoy por Gunter me sentí refrescada y satisfecha. Dios sabía mi sentir y me envió un nuevo amigo. No importaba lo que fuera, Dios iba dándome siempre según mi necesidad.

El cuerpo de Steffi poco a poco se acostumbró a las durezas, y ella perdió algo de su depresión. Encontró nuevas amigas que también tenían

El Campo De Trabajo

interés en el teatro. La vi sonreír a veces o aún reírse, y no lloraba tanto. Pero ya no tenía tanto interés en hablar de Dios, lo cual que me puso triste.

El grupo de oración de las mujeres creció cuando otras vieron la fortaleza y tranquilidad que teníamos, las que oramos juntas. Muchas llegaron una sola vez por curiosidad y no volvieron, y otras se ofendieron cuando oyeron hablar tanto de Jesús. Unas se sentaban bien atrás y nos observaban con cuidado, después mientras trabajamos me hacían preguntas sobre Jesús, como uno podría ser Judío y también creer en Jesús, y sobre el cielo y el infierno. Para ellas, el infierno era la vida aquí en la tierra. Muchas de las más curiosas no entendían por qué nosotras, las Cristianas, no teníamos un odio amargo contra los Nazis, y por qué no maldecíamos el mundo por ser tan apático a nuestro sufrimiento. Al principio, venían con preguntas una por una, después de dos en dos, y más adelante hasta seis a la vez. Tantas preguntas tenían ellas, y necesitaban tantas respuestas. Jesús, oraba en silencio, habla a través de mí. ¡Ayúdame a vivir lo que digo!

Después de seis semanas de trabajo continuo, recibimos una tremenda sorpresa: cada una podría llamar a algún familiar e invitarlo a una visita. Estaba segura que todos mis familiares por el lado de Mamá ya habían sido matados, o que estaban en algún campo. Así que sólo quedó mi Papá para llamarle. Sin embargo, pensaba en la llamada con anticipación todo ese día. Marqué el número de Papá, mientras otros prisioneros hacían fila detrás de mí. Papá no sabía que me habían llevado a un campo. ¿Cómo recibiría la noticia? ¿Sería apático o triste? Si no mostrara tristeza, yo me sintiría muy decepcionada. Gracias, Jesús, oré, que tengo un Padre Celestial que me consuela cuando el terrenal falla.

Marqué en el antiguo teléfono del campo y esperé hasta oír la voz familiar de Papá.

"¡Hola, Papá!" le dije con entusiasmo.

"¡Anita! ¿Dónde estás? Alguien dijo que te llevaron en uno de los últimos trenes a un campo desde Breslau. ¿Es verdad?"

"Sí, Papá, estoy en Barthold cerca a Schmiegrode. No puedo hablar mucho ahora, pero puedo tener una visita el próximo sábado. ¿Podrías venir a visitarme?"

"Sí. ¿Puedo llevarte algo de comida?" preguntó.

"Sí, esto sería bueno. Como veinte personas están esperando usar el teléfono, entonces tengo que decirte hasta luego por ahora. Papá, me haces falta". Esperé una respuesta durante unos largos segundos.

"Anita, me duele que esto te haya pasado. Lo siento tanto".

"Es bueno oír tu voz, Papá. Hasta luego. Dios te bendiga". Yo sabía que las últimas palabras no penetrarron su amargo ateísmo.

Esa noche en el granero abundaba entre las mujeres la alegría y la esperanza. En una semana casi cada persona tendría una visita. Nuestras conversaciones estaban animadas mientras nos sentamos en la paja del piso. Steffi y yo hablamos mucho después de que las otras se habían dormido. Ella recibiría visita de su papá, a quien ella amaba muchísimo. Por fin todas tenían algo por qué vivir.

Me miró a los ojos, pero durante unos instantes Papá no me reconoció. El seguía buscando con la mirada entre la gente. Después se dio cuenta que era yo. Vi compasión en sus ojos al ver mi cuerpo delgado y mi cara demacrada. Cuando le sonreí, Papá llegó y me abrazó. Había sido necesario que ocurriera esta tragedia para poder romper la tremenda barrera que había existido entre nosotros durante todos esos años.

"Me habías hecho falta", dijo, su voz ronca con la emoción.

"Estoy bien, Papá. He vivido para este momento toda la semana"

Papá bajó una mochila de sus hombros y la abrió. "Te he traído algo de comida, Anita. Mira—manzanas, peras, un pudín, repollo rojo, y bolitas de papa. Te traje también pollo frío".

¡Todo se veía delicioso! Hice señas a Papá de seguirme mientras caminamos hacia unas hierbas al lado del granero. Mientras caminamos, él observó las condiciones desoladas del campamento—apropiadas para animales de finca pero no para personas. Finalmente sus ojos dolorosos me miraron solo a mí. Llegando donde podríamos sentarnos y charlar, Papá puso su chaqueta para que nos sentáramos encima. Estaba haciendo lo mejor que pudiera para suavizar la incomodidad de nuestra reunión.

Vaciando la mochila, me puso toda la comida frente, en pequeñas pilas. "¡Se me había olvidado que tal comida existe!" exclamé. "No estoy segura poderla comer toda. No te ofenderás si no puedo?"

El Campo De Trabajo

Papá meneó la cabeza. Miré alrededor del campo, y vi los otros prisioneros con sus visitantes sentado en el pasto por todos lados. Estaban reunidos en pequeños grupos. Los guardias armados hacían vigilancia por todos los lados, observándonos. Mantuvimos bajas las voces, con un mínimo de emoción en las caras.

Comí el pudín y las bolitas de papa, pero casi inmediatamente sentí terribles cólicos. Yo no quería dejarle a Papá ver que estaba en una agonía, de modo que me esforcé a sonreír. El dolor llegaba en tremendos espasmos. Después de existir en una dieta de hambre durante tanto tiempo, todo mi sistema reaccionaba a la comida saludable nutritiva.

"¿Alemania se ha acabado, verdad Papá?" le pregunté. "Hemos oído que Hitler está aplastado. Mi amigo Rudi Wolf dice que debemos oír pronto el rugir de las armas rusas en la distancia".

"Sí, Alemania ha sido muy golpeado. Nuestras ciudades están en ruinas. He oído que se calcula que medio millón de civiles alemanes han muerto en los bombardeos aéreos. Los Aliados están cercando todas las fronteras, entonces es sólo cuestión de tiempo. Pero es muy difícil conseguir información acertada. Los Nazis no nos dan un cuadro realista, como sabes".

"¿Qué de Theresienstadt? He oído que algunos campos han sido liberados".

"Algunos en el Oriente, sí, a medida que los Rusos avanzan, pero no pienso que Theresienstadt haya sido liberado todavía".

Dentro de mí, un mar de amargura surgió contra Papá otra vez. Si no nos hubiera abandonado, es posible que ni Mamá ni yo estuviéramos sufriendo en estos campos. Sin embargo, pensé, eso debe ser la voluntad de Dios para nosotras, para poder compartir nuestra fe en Jesús con los demás prisioneros. Así que, el rechazo de Papá hacia nosotras debería haber sido el plan de Dios, y yo entendí que no debería juzgarle duramente.

"Cuéntame de la vida en el campo", me dijo.

No le di los detalles tristes de la vida dura allí, pero mi apariencia física indicó algo de la severidad de la situación. "Bien, Papá. Por lo menos Hela pudo salir a tiempo. Ella nunca habría podido aguantar a la Alemania Nazi, como sabes. Mamá y yo tenemos nuestra fe, pero ella no la tenía. Yo puedo animar a mucha gente aquí en Barthold. Ellos me preguntan sobre Jesús y...."

"Basta de eso, Anita. Tú sabes que yo no puedo creerlo".

"Pero yo soy prueba viviente de Dios, Papá".

"Suficiente".

El sonido de pasos cerca nos dijo que nuestro tiempo ya se había acabado. Habíamos hablado un poco menos de una hora, pero ahora los guardias empezaban a mandar salir los visitantes. Después que Papá puso la mochila vacía en la espalda, me abrazó otra vez. Después giró y cogió el camino. Después de unos metros, volteó y me dijo, "Volveré, Anita, si me lo permiten". Agitó la mano y lo vi desaparecer por el portón del campamento, caminando hacía los rieles del ferrocarril. Las visitas habían dado a nosotros los prisioneros tanta agonía como placer. Las despedidas eran casi insoportables, y ahora solo tendríamos las memorias. El día había tenido toda la gama de emociones humanas: el gozo indescriptible de la reunión y las lágrimas desgarradoras de la separación.

Once

SOSTENIDA

Al comenzar el tiempo fresco, perdimos la oportunidad de bañarnos en la quebrada. Ahora teníamos que bañarnos con agua de un recipiente esmaltado de doce pulgadas que servía a diez mujeres. Teníamos un horario rígido, de modo que cada persona tenía su tiempo de asearse, pero bajo estas condiciones nadie podía limpiarse bien. A medida que las cosas se pusieron más difíciles, a la mayoría de nosotras nos dio una plaga de piojos. Esos bichos fastidiosos estaban felices haciendo sus hogares en nuestro cabello, causando mucho sufrimiento. Se multiplicaban en forma desmedida, y la sensación de sus cantidades caminando en el cuero cabelludo casi nos enloquecía.

Durante días no nos dieron medicamento, hasta el punto de casi explotar una manifestación. Entonces nos dieron medicina que no solo mató a los piojos, sino que también quitó buena parte de nuestro cabello.

Finalmente una tarde nos transportaron a un pueblo cercano que tenía un lugar grande de baños públicos. Durante diez minutos completos nos permitieron un baño caliente. Era puro lujo. Cuando me miré en el espejo de ese lugar, tuve que mirar dos veces. Mis mejillas estaban flacas, y mis ojos hundidos en sus cuencas. La medicina contra los piojos me había hecho perder tanto cabello que había grandes partes calvas en la cabeza.

El sol había tostado mi piel a un color marón oscuro, que se descaspaba de resequedad. A los diecisiete años, era una ancianita.

Con octubre llegó la lluvia, pero los jefes cambiaron su opinión sobre darnos tiempo libre, y nos forzaron a cavar zanjas en el barro. Como no había modo de secar nuestra ropa de trabajo, teníamos que llevarla mojada el día siguiente.

A medida que las condiciones se empeoraban—la tremenda falta de comida, el trabajo interminable, las condiciones sucias de vivienda, y más fuertes medidas de seguridad —el ánimo de todos decayó y las mujeres llegaron a ser menos tolerantes entre sí. En algunas, aún su fe en Dios se debilitó. Yo sabía que Dios quería que yo fortaleciera su fe. Mi pequeña Biblia, ahora rota y manchada de barro, había sido tocada por tantas manos sucias que ya sus páginas casi no se podían leer. Yo sabía que los guardias habían visto la Biblia, pero no me la habían quitado.

Aparentemente trataban con menos crueldad a las que teníamos un padre ario y éramos creyentes en Cristo. Nuestros hermanos y hermanas en Bergen-Belsen, Buchenwald, Treblinka, Auschwitz, y otros campamentos, acorralados detrás de cercas de alambres de púa, eran tratados como conejitos de las indias, torturados para entretener a los malignos, y finalmente matados en una variedad de maneras crueles. Comparados con ellos, nosotros estábamos en un mundo de juego de niños. Pero los rumores decían que cuando nuestra asignada tarea de cavar zanjas terminara, igual nos iban a matar por gases o fusilamiento como a nuestros hermanos en otros campos.

En noviembre de 1944, nuestro campo completo fue llevado hacia el noroeste a otra área, cerca del pueblo de Ostlinde. Las cantidades de zanjas que habíamos cavado (para que el ejército alemán pudiera atrapar a los tanques rusos en su avance) fueron dejadas atrás, y también los bondadosos granjeros que nos habían ayudado de tantas maneras. Nuestras filas en Barthold se habían aumentado durante los últimos meses porque casi semanalmente nuevos prisioneros fueron llevados allí. Éramos ya como quinientos prisioneros cuando salimos de Barthold y marchamos por el camino a la estación del tren. Los gentiles agricultores nos miraron por sus ventanas y valientemente nos agitaron las manos. La guerra no les había llegado muy cerca, pero sus ojos dijeron que habían visto lo suficiente.

Sostenida

Cuando llegamos al nuevo campamento, nos forzaron a estar de pie en formación mientras el viento frío abofetaba nuestra ropa liviana de algodón. Un áspero hombre de desagradable semblante era el nuevo líder del campo. El Sr. Anders era un hombre cruel de la SS que nos gritó en forma furiosa sus órdenes, mientras nosotros temblábamos en el frío.

La vida en este campo era casi igual a la del otro, pero ahora tuvimos que aguantar el frío del invierno y condiciones más apretadas. Las mujeres fuimos divididas en dos grupos de cien, cada grupo ocupando una estructura de madera calentado por una muy pequeña estufa que quemaba madera. Nuestras camas eran solo sacos de yute llenos de paja de poco grosor contra el piso del granero. Lo único bueno era que teníamos letrinas cubiertas en vez de un espacio abierto.

Todos los hombres estaban amontonados en un edificio que llamaron "la fortaleza". Sus condiciones de vida eran semejantes a las nuestras, pero eran mucho más apretados.

Otra vez, teníamos que salir a trabajar a las 5:00 a.m. pero ahora nos acompañaba el tremendo frío. Nuestra tarea era cortar los gigantescos pinos de allí. Después, cortamos las ramas del tronco, y las fijamos alrededor del tronco con alambres. Posteriormente estos fueron puestos en pilas ordenadas, para transportarse por vagones de caballos hasta las zanjas que habíamos cavado anteriormente. Allí fueron puestos para reforzar las paredes de las zanjas para que cayera la tierra. Afortunadamente nuestros cuerpos se calentaban con el trabajo. Otra vez, era monótono pero aguantable porque podíamos trabajar con una amiga o un amigo que compartía nuestra fe.

Dios me bendijo grandemente con muchos amigos. Tenía a Steffi, Gunter, Ruth, Gerhard, y una docena más de personas creyentes en Jesús. Nos reuníamos lo más frecuente posible para orar. A veces oramos unidos en círculo, cogidos de las manos en el frío. Según su capricho del momento, los guardias bravos nos separaban u otras veces se paraban a una distancia mientras se burlaban de nosotros. Llegamos a numerar más o menos veinte firmes creyentes en Jesús. Oramos por el pueblo alemán y por Alemania—que Dios librara a las víctimas inocentes de la guerra y que restaurara la patria a pesar de la campaña del Führer de genocidio contra todos los que no eran Arios.

Las palabras de Rudi casi nunca salían de mi mente: "Cualquier día vamos a oír las armas rusas de liberación". Yo escuchaba y escuchaba. Durante una tempestad en noviembre, mi corazón latió con emoción porque estaba segura que los truenos que oía eran los disparos de las armas de los Rusos en la distancia.

Ahora yo ya había perdido más de veinte libras, y a menudo cuando una de las otras mujeres me lavaba la espalda me decía, "¡Anita, es como tocar una tabla de lavar!" Yo tenía el aspecto de una indígena morena que iba rumbo a convertirse en esqueleto. Me debilitaba más y más y noté que casi no podía ya subir las escaleras donde dormir cada noche después del trabajo.

Día a día mis síntomas se empeoraron. Steffi, Gunter, y los hermanos Wolf estaban preocupados. Otros me miraban con ira porque yo ya no podía trabajar tan bien como ellos. Parecía que temían que tendrían que hacer algo de mi trabajo juntamente con lo suyo. Yo sabía que mis síntomas me hacían trabajar más lento de modo que pueden haber pensado que yo era perezosa.

Durante días luchaba contra la única alternativa: reportar mi caso al Sr. Alders, quien me iba a enviar a cuidados médicos. Eso era un pequeño hospital del campo manejado por los Nazis de Ostlinde. Yo tenía serias dudas si los médicos y enfermeras Nazis tendrían cuidado de un prisionero enfermo. Todos los hospitales Nazis tenían métodos astutos para "eliminar a los no deseados". Si los prisioneros no podían contribuir al buen funcionamiento de los campos de trabajo, los doctores sencillamente podrían matarlos al no darles las medicinas necesarias o darles drogas mortíferas. Pero, a medida que los dolores se aumentaban y me debilitaba cada día más, entendí que tendría que arriesgarme a reportar mi enfermedad, confiando que Dios me iba a cuidar. Si El quería que sobreviviera esta guerra cruel, El obraría en los detalles para que el personal del hospital viera algún valor en mi vida.

La mañana siguiente me encontró sentada nerviosamente en un pequeño consultorio del hospital, mientras esperaba que el doctor me examinara. El hospital era una mescla interesante de lo antiguo y lo moderno, con sus muebles y teléfono antiguos en medio de la ciencia médica moderna. Casi no podía sentarme bien a causa de los dolores que sentía. No estaba segura si me dolía más lo físico o la tensión emocional mientras esperaba. Tres días sin comer también me habían debilitado. Por fin un doctor Nazi, con aspecto airoso, entró por la puerta. Era alto, rubio, y apuesto. Seguramente era el modelo de Nazismo y "la raza pura". El cerró con fuerza la puerta, y me miró desafiante.

"Entonces, ¿ha perdido veinte libras, verdad?" dijo, haciendo una mueca.

"Sí, señor".

"¿Y qué, si ha perdido peso?" replicó. "Yo también he perdido algo de peso. Es un pequeño sacrificio por la patria y por el Führer. Hay algunas camillas en el pasillo. Vaya a recostarse allí. Le tendremos unos días aquí y le daremos algo de medicina. Me dicen que la necesitan para cortar árboles, de modo que su estadía aquí será breve. Si no se recupera rápidamente—bueno, veremos cuando llegue el momento".

Tenía dudas de él porque ni me examinó. Tal vez ya me vio como muerta, y ellos solamente iban a finalizar el hecho. Saliendo del consultorio, caminé a una área del hospital donde había camas. Vi diez pequeñas camas con colchones y cobijas. ¡Semejante lujo! La mayoría de las camas estaban desocupadas, pero en una vi a una joven moverse. Cuando levantó la cabeza, reconocí a Ana Czech, la hermana de Gunter, también una creyente. ¡Qué lindo era Dios, proveyéndome otra Cristiana en el hospital!

"¡Anita! ¿Qué haces tú aquí?"

Fui y me senté en el borde de la cama más cerca a Ana. "He tenido dolores de estómago muy fuertes, y me siento muy débil y mareada".

"Anita, tienes que tener mucho cuidado aquí. Muchos prisioneros no salen de este hospital porque son matados por el personal".

"Yo sé".

"¿Has comido?"

"No he comido en tres días a causa de estos terribles dolores".

"Vamos a orar ahora mismo, Anita, por tus dolores. Vamos a pedirle a Dios que te sane para que no tengas que tomar su veneno".

Habíamos orado solo unos minutos cuando oímos pasos. Me coloqué una bata liviana de hospital y subí a la cama. Qué maravilloso poder recostarme en una cama verdadera con cobijas y una almohada con plumas.

"Me dan de comer sólo papas", dijo Ana. "Voy a compartirlas contigo porque puedes morir de hambre aquí. Pareces un esqueleto andando. Tienes que comer las papas aunque persistan tus dolores. Si te adelgazas más, los Nazis no te necesitarán porque no podrás trabajar. Prométeme que comerás algo de mis papas".

"Te lo prometo".

Una enfermera Nazi entró y se paró al lado de mi cama. En su mano tenía un vaso de agua y un pequeño vasito con una pastilla amarilla. "Tiene que tomar estas pequeñas pastillas amarillas tres veces al día, srta. Dittman", dijo.

"Le ayudarán a ganar sus fuerzas más rápido. Tome ésta ahora, mientras le observo".

Parada a mi lado con los brazos cruzados me quedó mirando, mientras puse la pastilla en la boca y la tragué con el agua sabrosa de pozo. Su cara demostró placer, y ella volteó y salió.

"¡Anita!" chilló Ana, después que la enfermera se fue. "¡No tomes esas pastillas! Tú no sabes qué son. Te pueden matar lentamente, debilitarte, o envenenarte. ¿Por qué no me escuchaste cuando te advertí?"

"¿Pero, qué más pude hacer? Ella estaba parada encima".

"La próxima vez, ponla en la boca y pretende tragarla. Después escúpela cuando ella haya salido".

Ana tenía razón. Media hora después, yo empecé a vomitar. De hecho, la pastilla era para debilitarme más hasta matarme. Estaba demasiado delgada como para poder servir más al Reich. Como mi estómago estaba vacío, tenía un vómito seco. La enfermera tenía una mirada de dulce satisfacción cuando puso un balde al lado de mi cama.

Más tarde esa noche, me llevaron una sopa aguada y otra pequeña pastilla amarilla. Tal como Ana me había instruido, puse la pastilla en la boca y fingí tragarla con gusto. Después jugué con la sopa aguada hasta que la enfermera se fue. Ana me dio la mitad de su comida de papa esa noche, y cada comida durante los siguientes días. Comí las papas debajo de las cobijas para que las enfermeras no me vieran. Después corría al baño fuera del cuarto, haciendo terribles sonidos como si estuviera vomitando a causa de las pastillas.

¡Seis días después yo había ganado seis libras y me sentía fuerte otra vez! Los del personal me vieron con asombro. Ana, que había sido puesta allí a causa de una artritis dolorosa, ya podía mover las coyunturas con muy poco dolor. Dios realmente había hecho un milagro, restaurando nuestra salud y fuerzas, que nos permitió salir de ese hospital de muerte Nazi. Confundidos, el personal del hospital llamó a un guarda para llevarnos otra vez al campo de trabajo. Al llegar, nos ordenaron al trabajo de inmediato.

Oramos que Dios en forma milagrosa sostuviera nuestras fuerzas; cada día nuestras raciones de comida eran más pequeñas, para que los soldados alemanes en los frentes de batalla pudieran recibir más comida. Poco después que todos nosotros los creyentes oramos juntos por fuerza física, los granjeros del vecindario otra vez empezaron a ayudarnos. Arriesgando sus vidas, ellos nos mandaban chorizos, pan, y queso, y nos dijeron que comiéramos los champiñones saludables que crecían en los bosques donde cortamos árboles. Era como si Dios pusiera mil calorías en cada pequeño champiñón y bocado de pan mientras los que confiamos en Jesús recibíamos sustento físico y espiritual.

Las mujeres enfrentamos dos terribles realidades ese diciembre: el fuerte invierno, y las traidoras entre nosotras. Para hacer su vida más cómoda, algunas mujeres estaban delatando a sus vecinas a los guardías sobre supuestas conversaciones, actitudes, o sentimientos anti-Nazi. Inventaban cualquier cosa para buscar ventajas para sí. Muchas pasaban noches con los guardas y recibían tratamiento preferencial.

A medida que los vientos del invierno se aumentaban, los ánimos de todos se bajaban. Nuestros uniformes eran completamente inadecuados, y muchos de nosotros tuvimos que pedir que nos mandaran ropa de nuestros hogares. Papá me envió algunas medias calientes, guantes, y una chaqueta. Si trabajábamos lo suficientemente fuerte por largo tiempo, podíamos mantenernos medio cómodos en la línea de trabajo. Pero la marcha entre el campo y el trabajo era difícil porque el viento penetraba nuestra ropa.

Siempre esperábamos con ansias el pito del vagón de caballo, que venía con una sopa tibia y grumosa.

Pero en realidad sabía a muy feo y casi siempre llegaba ya fría. Los grumos en la sopa eran como la corteza de los árboles. Un día, observé como Gunter puso su olla de sopa en una simulada tumba. Echando la sopa en un hueco, lo tapó con tierra y después puso una piedra grande sobre el sitio. En la lápida, escribió: "Hier ruhet still una unvergessen, unser heutiges Mittagessen" ("Aquí, tieso y olvidado, descansa el menú del día").

Justo antes de la Navidad, conocí a otro hermoso creyente: Cristian Risel. Nos conocimos en la línea de trabajo mientras cortamos árboles, y rápidamente, en una manera silenciosa, nos enamoramos. Aunque amaba a Rudi, Wolfgang, Gerhard, y Gunter, el amor en mi corazón para Cristian era diferente. Algunos años mayor que yo, era fuerte y apuesto a pesar de los meses de labores y privaciones. Sus ojos brillaban mientras los ojos de los demás en el campo eran vidriosos y vacios. El tenía una sonrisa cuando los demás tenían una palabra negativa, porque él amaba a cada uno de una manera especial. El aún tenía compasión cristiana hacia los Nazis. Pero él me amaba a mí por encima de los otros. Por supuesto, no se permitía tiempo para enamoramientos en el campo. Hacía demasiado frío como para poder estar mucho tiempo afuera, dada nuestra ropa tan liviana, y no podíamos entrar en la habitación del otro. Pero cortábamos árboles juntos con frecuencia y pudimos así conocernos mejor. Cada día que estábamos juntos, nuestro amor se afirmaba más.

"Algún día, Anita, estaremos gloriosamente libres y felices otra vez", dijo Cristian, mientras su hacha cortaba un pino grueso. "Tendremos dinero para gastar y comida para comer, y tendremos nuestros seres queridos a nuestro alrededor. Nunca más tendremos que temer un golpe en la puerta. ¿Tú crees esto también, Anita?"

"Claro que sí, Cristian".

"Anita, ¿sabes qué día es hoy?"

"No".

"Es la Noche Buena". Tengo una sorpresa para ti y los demás Cristianos en el campo".

"¿Por qué has esperado tanto tiempo para compartírmelo, Cristian?"

"Porque eso sólo se confirmó a la hora del almuerzo". Los ojos de Cristian realmente brillaron de entusiasmo ahora. "¡El Sr. Anders me ha dado permiso par llevar a todos los Cristianos a un culto de Noche Buena en Ostlinde esta noche! Por supuesto, un guarda nos acompañará, pero así él oirá el evangelio también".

"¿Cristian, hablas en serio? ¡Un verdadero culto de Noche Buena! Tenemos que esparcir las noticias. ¡Oh, es otro milagro de Dios!"

Cansados de la guerra, para los prisioneros que amábamos a Jesús, esta noticia era la mejor en meses, tal vez en años. Pero los incrédulos del campo no tenían tiempo para nuestro gozo; la mayoría no sentía ningún consuelo cada día como nosotros los creyentes. O por celos o por escepticismo, ellos querían que nos mantuviéramos aparte de ellos, lo cual sólo nos unía más.

Veinte de nosotros caminamos por praderas y sobre colinas cubiertas de nieve esa noche a una pequeña iglesia al borde de Ostlinde. La nieve caía suavemente mientras andamos, y mi cara estaba mojada no solo con los copitos de nieve sino también con las lágrimas, cuando Cristian me cogió la mano.

"Esta será la Navidad más significativa que he celebrado", le dije. "Eso demuestra el amor tan especial que Dios nos tiene. Me dice que El cuida de nosotros y que estaremos bien al final".

"El nacimiento de Jesús tiene que haber sido así", dijo Cristian suavemente. "Era pobre y perseguido, juzgado mal y rechazado, sin embargo El siempre perdonaba. Tenemos que perdonar también, Anita, aún a los Nazis".

Esa noche nos unimos en la pequeña iglesia con unos cien granjeros y gente del pueblo. Cantamos los himnos de Navidad y adoramos al Señor hasta más allá de la medianoche. Al leer la historia de Navidad, recibimos la seguridad que Jesús entendía todas nuestras penas porque El había sido hombre y había experimentado el dolor humano. A la luz tenue de las velas todos nos arrodillamos alrededor del altar y oramos por Alemania y por nuestras familias separadas. El guarda observó todo desde la puerta. Cuando ya regresábamos, andábamos a la luz de la luna porque ya había dejado de nevar. Nadie habló, porque estábamos saboreando cada momento de esa preciosa Noche Buena.

"Los aldeanos dicen que los Rusos están casi en suelo alemán", me dijo Cristian un día en enero mientras marchábamos al campo del lugar de trabajo. "¡Dicen que Auschwitz ha sido liberado por los Rusos!"

"¡Gloria a Dios!" Las historias horrorosas que habían salido de Auschwitz y Dachau parecían increíbles. Theresienstadt también iba a estar alto en la escala de sufrimiento humano, pero afortunadamente yo no lo sabía, y mi esperanza era que Mamá estuviera bien.

"Me han dicho que todos nosotros estamos destinados para las cámaras de gas en Auschwitz" dijo Cristian, "tan pronto que termine nuestro trabajo aquí. Esta noticia viene de una fuente fidedigna, entonces creo que es cierto. Los Rusos siguen el comunismo ateo, Anita, pero ellos están liberando a nuestro pueblo. ¿Los caminos de Dios son insondables, verdad?"

Diariamente observábamos como los habitantes de Ostlinde huían hacia el oeste para escapar del avance de los Rusos. Primero salieron las mujeres y los niños, después los demás. Pronto Ostlinde estaba quedándose sin habitantes, pero eso nos dio más esperanzas de libertad.

A pesar de esta situación precaria, nos permitieron una vez más tener visitantes. Pude avisar a Papá, y él prometió visitar la próxima vez que eso fuera permitido. Esta vez podría comer toda la preciosa comida que él llevara porque Dios había restablecido mi estómago y quitado los terribles dolores. El campo se animó mientras esperamos el día de las visitas. Nos bañamos largo rato, aunque nuestro jabón era solamente arcilla. A pesar de nuestros problemas, el campo tenía un espíritu festivo. Después de meses de no tener nada que esperar con placer, ya teníamos un motivo. Casi todos podían anticipar a un visitante, y esta anticipación sopló sobre el campo como un viento fortificante.

Algunos dudaban, pensando que tal vez iba a ser un engaño, donde los visitantes serían llevados a prisiones también, después que los Nazis investigaran quiénes eran. Ese rumor pesimista no les parecía tan imposible, dado el sufrimiento del país hasta ahora.

Papá se veía cansado cuando lo vi entrar en el área principal del campo. Nos reunimos bajo techo en una parte normalmente usada por los guardas. Nuestra visita se limitó a unos quince minutos, para que otros visitantes pudieran usar ese salón.

"Anita, te ves mucho mejor que la vez pasada", dijo él cuando nos encontramos.

"Jesús me ha ayudado a recuperar las fuerzas".

Sostenida

"Esto no tiene sentido", respondió Papá. "Favor de guardar tales comentarios, Anita, porque no quiero malgastar nuestro tiempo".

Durante este instante, vi al Papá que siempre había conocido—iracundo, amargado, y luchando para vivir sin Dios, aun en el infierno de Alemania.

"¿Has sabido algo de Mamá?" le pregunté. "¿Ha salido alguna noticia sobre Theresienstadt?"

"Las únicas noticias son malas. Me dicen que Theresienstadt es un verdadero campo de muerte. No quiero desanimarte, Anita, pero debes saber la verdad. Dicen que Theresienstadt, Auschwitz, y Dachau son los peores. Claro está, Auschwitz ha sido liberado, pero los otros, no. Los campos con los judíos ortodoxos y religiosos están recibiendo el ataque principal de Eichmann. Esto incluye Theresienstadt. Pero no te desanimes totalmente, porque unos pocos sobrevivirán. Tu mamá es fuerte, Anita".

"Los Británicos y Americanos han destruido nuestras ciudades. Por todos lados los Alemanes están luchando, perdidos en confusión. Unos pocos han sacado banderas blancas, pero estos han sido castigados fuertemente. Varsovia seguramente caerá a los Rusos en los próximos días. Es posible que ustedes en los campos sean los únicos libres. Las bombas no caen sobre ustedes, y los Aliados están luchando para liberarles".

Era verdad, Dios estaba juzgando al pueblo alemán por su ciega devoción a Hitler, él que significaba la mentira, el engaño, la auto-adulación y el anti-Semitismo. Esa devoción permitió un reino de terror sobre Europa y Rusia que se sintió en todo el mundo. Ahora ya le tocó a Alemania pedir misericordia.

Cuánto quería que Papá escapara de la lucha que venía. Por encima de todo, quería que él conociera a Jesús, así que si viviéramos o muriéramos en este gigantesco cementerio alemán, estaría bien. Yo quería para él, el mismo maravilloso futuro que Mamá y yo teníamos por delante—una eternidad juntos con nuestros seres queridos delante del trono de El, Quien había provisto todo eso para nosotros. El dolor de mi corazón a causa del vacío espiritual de Papá se aumentó cuando en despedida él me besó suavemente en la frente esa tarde. Al mirarle caminando en la distancia, tenía un sentir muy triste que nunca lo volvería a ver.

Las temperaturas glaciales de enero nos hicieron sentir dolor mientras marchábamos al trabajo cada mañana en la oscuridad. Los caminos llenos de nieve eran resbaladizos bajo nuestros zapatos de madera. Nuestros mitones estaban desgastados por las largas horas de fuerte trabajo, y nuestros dedos congelados hacían muy doloroso y difícil el trabajo de amarar con alambres las ramas de los árboles a los troncos.

Cristian y yo nos enamoramos más y más; es increíble lo que el cuerpo puede aguantar cuando tiene esa seguridad. La bondad de Dios para mí me hacía sentirme la mujer más afortunada del campo.

Cristian, que tenía una gracia increíble delante del Sr. Anders, consiguió su permiso para utilizar la pequeña iglesia del campo para un concierto de música clásica. Cristian tocaba violín y planeó toda la presentación. Nunca sabré de dónde los artistas consiguieron sus instrumentos: una flauta, una viola, una trompeta, un violoncelo, y dos violines. Se utilizó también el pequeño órgano de la iglesia. La iglesia estaba oscura y sin calefacción, con la única luz procediendo desde el cuarto del órgano por encima de las bancas. Unos diez músicos, en la tenue luz, luchaban para ver las notas de música que Cristian había escrito. Casi cien amantes de la música clásica llegaron del campo, vigilados por guardias armados. Envueltos en cobijas para protegernos del frío de cero grados, nos sentamos bien apretados los unos contra los otros para poder compartir el calor de nuestros cuerpos.

Era glorioso perdernos en el mundo hermoso de Handel, Mozart, y Bach. Como en la ocasión de la Noche Buena, nos olvidamos de nuestros estómagos vacíos y el frío cruel.

Y como en la Navidad, cuando volvimos al campo caminando en la profunda nieve, saboreamos sin palabras la quietud de esa muy oscura noche. Nuestra comunicación silenciosa demostraba una unidad más allá de la expresión verbal.

Saturada con el descanso de la música y con gratitud en mi corazón hacia Dios, dormí profundamente en un descanso perfecto sobre mi colchón de paja.

Doce

UNOS MOMENTOS DE LIBERTAD

Una noche a finales de enero, los directores del campo de repente nos mandaron a empacar nuestras cosas y estar en formación para las 9:30 p.m. Era muy extraño que nos formaran por la noche. Hacía frío y viento, y el cielo estaba sin luz de luna o estrellas. Hubo confusión por todos lados, aun entre el Sr. Anders y los guardias. Los últimos granjeros y habitantes del pueblo huyeron del lugar esa noche. Obviamente los Rusos ya avanzaban con rapidez y pronto estarían en Ostlinde. Como resultado, tendríamos que marchar a un destino desconocido. ¿Sería un lugar de muerte? Cogí la mano de Cristian mientras que esperamos en una formación desorganizada.

"¡Cristian, podríamos escaparnos de toda esta confusión!" le susurré. "No nos podrían ver ni saber lo que nos pasa. El tren pasa por Ostlinde más tarde esta noche y va derecho a Breslau".

"¡No!" insistió Cristian, manteniéndome firmemente por la mano. "No es seguro. Quédate aquí conmigo".

Cuántas gracias doy a Dios que escuché a Cristian, porque supe después que una docena de prisioneros habían huido esa noche y fueron cogidos en la estación del tren en Breslau. Los de la Gestapo los llevaron a una casa abandonada y los retuvieron allí durante días. Mis queridos amigos los hermanos Wolf formaron parte del grupo. Más tarde una bomba fue puesta allí deliberadamente por la Gestapo—un ejemplo terrorífico de lo que podría pasar a los prisioneros que intentaran huir.

Otros pocos que escaparon esa noche se escondieron en el pueblo de Ostlinde. Cuando los Rusos invadieron el pueblo, pensaron que esos prisioneros eran soldados alemanes dejados para hacer una emboscada. Los arrestaron y los mandaron a campos de prisioneros en Siberia. Como nunca nos habían dado identificación de prisioneros para defendernos bajo tales situaciones, los Rusos no creyeron a los prisioneros en Ostlinde.

Toda la noche marchamos sin botas en la profunda nieve. Nuestras pequeñas maletas y bolsas pesaban como si fueran de plomo. Aún el paso rápido que nos impusieron nos pudo proteger de sufrir del frío. No nos permitieron hablar, pero Cristian estaba a mi lado y desde antes teníamos una clase de comunicación no verbal. Solo su mera presencia me era suficiente.

Nuestros cuerpos dolidos pedían descanso, calor y alimento. Juntamente con el sufrimiento físico, teníamos que luchar contra la confusión. ¿Qué estaba pasando, y hacía dónde íbamos? ¿Nos iban a ejecutar? ¿Seríamos víctimas de los Alemanes o de los Rusos? La noche era interminable. Tuvimos que seguir al mismo ritmo sin descanso. La inseguridad pesaba fuertemente sobre nosotros. Las mujeres lloraban, hubo quienes se cayeron exhaustos, pero no paramos. Al caminar en los montones de nieve, nuestros zapatos delgados de madera se llenaban de nieve, congelando nuestros pies con el frío. ¿Nunca terminaríamos? ¿Nos iban a matar marchando tal como los prisioneros de guerra alemanes tuvieron que marchar hasta la muerte en Rusia? Solo un Dios muy grande que me amaba tanto podría poner paz en mi corazón durante esta prueba.

Una muy leve luz de aurora apareció en el horizonte oriental, y pensamos que tenía que ser como las 6:30 a.m. Poco después llegamos a un pequeño pueblo, y por fin nos permitieron descansar unos momentos en el centro del pueblo. Un espeso bosque quedaba a unos pocos metros de nosotros, y pudimos ver ya los primeros rayos de sol brillando entre las ramas de los pinos. Cristian, con su hermana Hilde, Hela Frommelt, y yo nos sentamos juntos, respirando profundamente, tratando de recobrar el aliento. Todos los guardias se unieron para conferenciar, dando la espalda a los prisioneros por un momento.

"¡Cristian, podríamos huir por el bosque ahora mismo!" susurré. nos están mirando".

Cansancio, frío y hambre entorpecieron nuestros cerebros. Cristian pensó durante unos segundos. Finalmente, movió la cabeza de acuerdo, y señaló a Hilde, Hela, y a mí que le siguiéramos en una huida al bosque. Todavía la oscuridad bastaba para poder llegar allí. Tuvimos que actuar ya.

Rápidos como gacelas corrimos al bosque, llenos de un estallido de energía que no pensábamos poseer. Varios prisioneros habían visto nuestro escape. Estábamos a su merced para no delatarnos.

Pasamos por una nieve muy profunda, las ramas y ramitas cortaron nuestras caras, torcimos los tobillos al caer en huecos y nos golpeamos en los árboles oscuros. Muchas veces le tocó a Cristian devolverse para sacarnos de huecos en la profunda nieve. Mi garganta estaba fría y dolida con la respiración entrecortada en el aire frío, y mi corazón latía tan fuerte con miedo y cansancio que pensaba que podría parar en cualquier momento. Escuchaba, esperando oír cuatro disparos que nos pararían a todos, pero nunca llegaron.

"Hilde y Hela no pueden alcanzarnos", suspiré a Cristian, que estaba más adelante. "Están bien atrás…tenemos que ayudarlos".

Cristian se detuvo, y se balanceó contra la rama de un árbol, tratando de recobrar el aliento. Me caí al suelo para descansar. En un momento, oímos el crujir de pasos en la nieve. Hilde y Hela nos alcanzaron, con las caras rojas como bombillos por el frío y ejercicio.

"Tenemos que descansar", rogó Hilde. "No podemos seguir".

"Pero tenemos que seguir", contestó Cristian. "Puedo ver luces moviendose más adelante. Pienso que es una carretera. Dios nos dará las fuerzas".

En algunas partes la nieve llegaba hasta las rodillas. A veces una ardilla curiosa o conejito nos miraban con confusión, sin idea de lo lindo de su vida en su mundo tranquilo.

Oímos el rugir de un motor, y vimos más luces moviéndose. Tenía que ser una carretera delante de nosotros. Tal vez más eran más Alemanes huyendo de los Rusos. Seguimos adelante, sin mirar atrás, y finalmente alcanzamos el borde del bosque. Abajo vimos una carretera rústica, y un antiguo camión vacío manejado por un barbudo Alemán. Cristian corrió hasta la mitad de la carretera agitando la mano, y el ancianito se detuvo. Sacó por la ventana su arrugada cara.

"¡Suban!" nos dijo sin preguntas. "Voy varios kilómetros hacia el occidente. Buscamos eludir a los Rusos. Mi familia salió la semana pasada".

Subimos en la parte de atrás del camión, y nos sentamos sobre algunas bolsas de cemento que estaban a los lados. Nuestros cuerpos delgados sufrieron dolores cada vez que el ancianito pasaba encima de baches y brincamos duros en las bolsas.

"Oren fuertemente", les dije. "Oremos que no nos encontremos con el Sr. Anders y los otros". Por la dirección en que íbamos no teníamos idea hacia dónde íbamos en relación a los prisioneros en su marcha.

Nos sentimos demasiado extenuados como para hablar, mientras el maloliente exhosto del camión subía hacia nuestras caras. Estaba sentada bien cerca a Cristian, y él me puso el brazo alrededor. A pesar del frío, el hambre, y el viaje duro, me dormí en el hombro de Cristian. Pero la realidad me despertó segundos después. Teníamos que estar a la alerta, y nos sentimos como los pioneros americanos que viajaban por coches al oeste, a la alerta contra los indígenas. Habíamos leído acerca de todo eso de la historia americana en nuestros textos de colegio.

Después de una hora, llegamos a un pueblito desierto. Bajamos calladamente del camión para que el anciano no se diera cuenta y no supiera cuando salimos. No se podía confiar en nadie en Alemania. Podría haber pensado en llevarnos directo al Gestapo.

El pueblito tenía una atmósfera de pánico. Aun en medio del invierno, las puertas estaban abiertas y las luces prendidas. Con cuidado miramos dentro de algunas casas abandonadas. En una casa, los carbones en la chimenea todavía eran calientes. Parecía que algunos salieron apenas unas horas antes; otros todavía quedaban y miraban con cautela por las ventanas.

Entramos en la casa con la chimenea caliente, felices por el calor que había todavía en la sala. Muchas cosas habían sido llevadas por los dueños que huían.

"Voy a buscar leña, y podremos avivar el fuego", dijo Cristian. "Anita, ve a ver si dejaron algo que comer".

Hilde y Hela se dejaron caer frente a la chimenea mientras yo entré en la cocina. Cristian fue a buscar leña, y yo abrí alacenas y armarios buscando algo de comida. Dios proveyó, porque encontré tocineta ahumada, pan, fideos, y una bolsa de arvejas y lentejas. Había hasta una pequeña bolsa de té. ¡Con estos ingredientes variados iba a poder hacernos una opípara comida para los cuatro!

Sentados frente al fuego, comimos mientras el sol nos sonrió por las ventanas. A causa del hambre comimos rápidamente y no hablamos durante unos diez minutos. Pudimos oír solamente el ruido del fuego y los alegres pájaros dando la bienvenida al día en el tranquilo pueblito. Seguramente los aldeanos oyeron del avance de los Rusos y huyeron, pero otros habían decidido tomar el riesgo y quedarse allí. Teníamos mucha curiosidad, pero no nos atrevimos a salir a la calle a plena vista. En un pueblo de ese tamaño, fácilmente se identifican a los forasteros.

"¿Qué hacemos ahora?" le pregunté a Cristian.

"No sé. Podríamos esperar a los Rusos, pero no tenemos papeles como para comprobar que somos prisioneros. Solo tenemos nuestra ropa de trabajo, y probablemente eso no sería suficiente para probar que no somos enemigos".

"¿Por qué no hacer el intento para llegar a Breslau?" preguntó Hela.

"Por ahora, creo que es mejor quedarnos aquí", dijo Cristian. "Vamos a pensar y orar sobre qué debemos hacer. No creo que Dios nos guiará a hacer algo peligroso. Podría ser que la guerra termine mañana".

Parecía que Cristian siempre sabía qué hacer y cómo hacerlo. Su forma de ser nos inspiró confianza y seguridad.

Sentimos que su criterio era correcto y no lo cuestionamos.

Todo ese día descansamos en la casa abandonada, pero con un oído pendiente por el sonido de pies en marcha. No sabíamos si el Sr. Anders y todo el grupo de prisioneros pasarían por el pueblo. No nos sorprendería que él enviara un equipo de guardias para cogernos, ahora que habrían notado nuestra ausencia. También pusimos cuidado si oíamos disparos de armas rusas, porque en este caso, nuestras vidas estarían en grave peligro de los Rusos. Siempre habíamos agradecido a Dios porque nunca nos habían marcado nuestros brazos con un número de campo de concentración; pero ahora, hubiera sido bueno tener algo que nos identificara como víctimas de guerra.

Antes de la puesta del sol ese día ya todos nos dormimos con tranquilidad frente a la chimenea. Habíamos estado levantados durante toda la noche anterior, y el día pasamos hablando de nuestras esperanzas y sueños cuando ya estuviéramos libres. Nuestros cuerpos estaban dolidos por la huida de los Nazis y los Rusos. Aunque yo Le agradecí a Dios por nuestra libertad, estaba preocupada por la seguridad de Steffi, Gunter, Ana, y los otros preciosos amigos y creyentes que dejamos atrás. ¿Los llevarían a un campo con cámaras de gas? Estábamos obsesionados con la idea de libertad, pero yo no estaba segura que podría gozarla mientras el destino de mis amigos estuviera en duda.

Dolores de hambre nos despertaron temprano el día siguiente. De la deliciosa comida del día anterior no quedaba nada, fuera de un poco de té bien claro, que calentamos. Era obvio que no teníamos tarjetas de raciones como para conseguir comida en el pequeño pueblo. Tratamos de no pensar en el hambre durante el día, sentados al lado del fuego en la chimenea, y dimos gracias a Dios por las veinticuatro horas de libertad que habíamos gozado.

"Seguramente ya no hay que tener tanto cuidado", dije con confianza mientras Cristian puso más leña en la chimenea. Mi confianza sonaba casi arrogante.

"No podemos estar seguros de eso", dijo Cristian. "Parece ser así pero todavía algo podría pasar".

"¿Pero no sería que el Sr. Anders y los otros habrían pasado por acá hace muchas horas ya?" insistió Hilde.

"Posiblemente", dijo Cristian en forma guardada. Miró con cuidado por la ventana de la sala. "Es un pueblito tranquilo todavía. Como todavía vamos a estar aquí por un poco de tiempo, voy a arriesgarme a buscar algo de comida".

"¡Cristian!" le protesté.

"Tengo que hacerlo, Anita. Moriremos de hambre finalmente, y no será más seguro la semana entrante. Oren ustedes tres, mientras salgo a buscar algo que comer".

"Cristian, voy contigo", insistí. "Tienes que dejarme acompañarte".

"No, yo insisto que te quedes. ¿Por qué han de coger más de uno solo, si me encuentran?"

"Pero sabrán que eres prisionero", rogué. "Todos los hombres jóvenes son soldados o prisioneros".

"Tengo que arriesgarme".

"Espera hasta que esté oscuro, Cristian", le dije.

Christian no contestó sino que salió de la casa abotonando su chaqueta. Hilde, Hela, y yo caminamos nerviosamente en la casa, orando que Dios protegiera a Cristian mientras él pasaba como blanco móvil por las calles del pueblito.

"Si alguien puede saber manejar la situación, es Cristian", dijo su hermana Hilde con orgullo. "Él sabrá exactamente qué hacer".

Hela asintió con la cabeza, y de repente me sentí como una gallina tonta. Miré por la ventana pero no se vio nada de Cristian. No tenía idea de su plan, si esperaba encontrar comida en otra casa o si pensaba en buscar a alguien a quien pedir comida sin tener que contestar preguntas.

Pasó como media hora y esperamos con ansias, pensando que tal vez encontraría algunas cosas bien sabrosas. Sorbamos el té que había quedado y estuvimos atentas a pasos llegando a la casa.

Por fin oímos pasos de botas pesadas en la nieve. Corrí hacia la ventana, pero antes de llegar la puerta principal se abrió, con Cristian y el Sr. Anders allí en el portal. El Sr. Anders tenía bien apretado el brazo de Cristian, y miró con ira a Hilde, a Hela y a mí.

"Díganle al Sr. Anders qué tan asustados estábamos cuando nos encontramos separados del grupo ayer", dijo Cristian sin aliento.

No sabía si me vi tan asustada como Hilde y Hela. "Sí, señor, Sr. Anders", contesté. "¡Qué felices sentimos por verle!"

"Por eso habíamos enviado a Cristian a buscarle", añadió Hilde.

Mentimos. El valor para huir no incluía el valor suficiente como para enfrentar a un pelotón de fusilamiento.

"Los prisioneros están esperándoles en la parte norte del pueblo", dijo el Sr. Anders en tono de burla. "Cojan sus chaquetas y vamos. Y Dittman, una palabra de advertencia. Usted nunca me ha caído bien. Voy a tenerle en mis miras, y no necesito mucha excusa como para matarle, ¿entiende? Así que no vaya a repetir algo semejante. ¿Está claro?"

¿Qué había pasado? ¿Por qué Dios no había permitido que nuestro escape tuviera éxito? Habíamos saboreado la libertad por muchas horas. Ahora parecía que Dios nos la había permitido por un rato, pero ¿por qué ahora cambió de opinión?

En silencio volvimos a la fila de prisioneros, perdidos en nuestros pensamientos y dolor. Había sido un error muy grave que Cristian dejara la seguridad de la casa.

La marcha siguió en un último esfuerzo para huir del avance de los Rusos. Por lo menos Cristian, Hilde, Hela y yo habíamos podido refrescarnos con una buena noche de descanso. Los otros prisioneros parecían que estuvieran a punto de desmayarse del frío, el hambre, y el agotamiento.

Al salir del pueblito, ví un vagón de juguete abandonado en un corral de finca. Pensando que podría ser útil para llevar algunas de nuestras bolsas, equivocadamente me salí de la línea un momento para recogerlo. Desafortunadamente el Sr. Anders volteó en ese momento y me vio apartarme de la fila. Después de su severa advertencia unos momentos antes, yo entendí que me había equivocada gravemente al hacer esto.

El Sr. Anders me enfrentó furioso. "¿A dónde piensa que va, malcriada? ¡Yo le advertí que no hiciera más locuras!" Puso el cañón del revolver contra mi corazón.

"Señor, lo siento. Es que estamos tan cansados de la marcha pensé que podríamos poner nuestras bolsas y mochilas en este vagón".

"¡Bobadas!" Con eso me haló varios metros hasta llegar donde marchaban los demás prisioneros, quienes no habían dejado de andar en fila. Después de este incidente, el Sr. Anders casi no me perdía de su mirada.

Tarde esa noche llegamos al nuevo campo, que no quedaba muy lejos del pueblo abandonado de Grunberg. Las mujeres fuimos ordenadas a recostarnos sobre el piso sumamente frío. Todos estábamos demasiado cansados como para cuestionarlo.

A las cinco de la mañana siguiente nos despertaron y nos mandaron a formar en el centro del nuevo campo. De allí nos marcharon muchos kilómetros por una carretera llena de nieve. Por fin llegamos a un área abierta donde nos asignaron la tarea de llevar basura, bloques, y deshechos de un lado a otro. Los guardias, fuertemente armados, nos vigilaban, haciéndonos trabajar a un rito frenético. El trabajo pesado y monótono nos cansaba y no tenía ningún sentido, solamente era para ocuparnos durante las diez horas del día. Por alguna razón misteriosa escogieron hacernos laborar en algo sin sentido, en lugar de matarnos y sepultarnos en un gigantesco cementerio. Conociendo la mentalidad Nazi de exterminio y su sed de sangre, nos maravillamos que todavía estuviéramos con vida, especialmente cuando sabíamos que nuestras mínimas raciones significaban que algún soldado en el campo de batalla tenía menos.

Steffi corrió detrás de mí mientras volvimos al campo después del trabajo una tarde. Tenía alguna alegría escondida que no pude entender.

"¡Anita," dijo, tratando de susurrar a pesar de su entusiasmo, "tome este pedazo de papel! Hay una dirección allí. Si yo fuera a desaparecer de repente, favor de dar esta dirección a mi mamá cuando llegues a Theresienstadt. Es la dirección de algunos familiares nuestros en Bavaria. Dile a Mamá que me podrá encontrar allí después de la guerra".

"¿Steffi, de qué estás hablando? ¿Por qué vas a desaparecer? ¿A dónde irás?"

"No te puedo decir. Solo entrega esta dirección a mi mamá. ¿Prometes?"

"Prometo, pero te ruego que me explicas cómo es todo eso."

"Lo único que te puedo decir es que tal vez trato de escapar, pero todavía no sé cuándo o cómo".

"¡Steffi, ten cuidado! Cuídate mucho. Me vas a hacer muchísima falta, si te vas".

Dos días después Steffi desapareció misteriosamente. Nadie tenía la menor idea de cómo se escapó y si tuvo éxito.

Me salió una ampolla dolorosa en el talón derecho a causa de las marchas interminables, el trabajo y el roce de los zapatos de madera. Como no habíamos podido bañarnos o lavar nuestra ropa durante semanas, temí que la ampolla se infectara y que me causara graves problemas.

A la vez noté un cambio inusual en Cristian. Sin explicación, empezó a mostrarme frialdad. Empezó lentamente pero pronto era obvio que algo pasaba. Me deshice pensando qué mal yo habría hecho. Por fin, se lo pregunté una noche mientras marchamos al campo.

Casi no habló esa noche. No importaba el tema que mencionaba, no lo seguía, y se tornó silencioso. Mantuvo las manos en los bolsillos para que yo no las pudiera coger. Siempre antes habíamos andado cogidos de la mano al marchar del trabajo. Yo sentía que mi corazón dolía más que la ampolla molesta.

"¿Qué he hecho, Cristian?" le pregunté con tristeza mientras caminamos al campo.

Cristian trató de buscar las palabras apropiadas en la situación incómoda.

"Lo siento", dijo. "Algún día lo podré explicar, Anita".

Y con esta explicación inadecuada, caminó al campo sin volverme a mirar. Mi corazón estaba roto.

Me angustiaba el fin de nuestra relación maravillosa. Era diez veces más doloroso porque no sabía la razón. ¿Se había enamorado Cristian de otra persona? ¿Iba Dios a quitar Cristian de mi vida, buscando así probar mi fe? Me parecía que había perdido tantas cosas preciosas en mi vida. ¿Ahora también a Cristian? Me retiré dentro de mí, porque me dolía demasiado como para hablarlo con alguien. Pero finalmente, dos noches después de mi charla con Cristian, una explicación llegó.

Hilde, la hermana de Cristian, dormía a mi lado ahora. Cuando se apagaron las luces, vi como Hilde empacó su mochila en la oscuridad.

"¿Qué haces? pregunté con curiosidad. "¿No puede esperar hasta la mañana?"

Hilde no contestó mientras seguía organizando su mochila. Me pareció extraño, porque Hilde y yo habíamos llegado a ser muy unidas desde el incidente con el Sr. Anders. Era casi como si me escondía algo para mi propio bien.

Después del trabajo el día siguiente, Hilde Risel había desaparecido del campo. Ahora todo ya tenía sentido. Cristian no quería que yo estuviera involucrada en el plan de escape de su hermana. El le había ayudado a escapar pero él mismo no trató de huir.

El Sr. Anders inmediatamente asoció a Cristian con el plan de escape de Hilde. La próxima vez que vi a Cristian, su cara estaba llena de moretones negros y azules y cortaduras. Obviamente había recibido una fuerte paliza de Anders, pero Anders me dejó en paz, pensando que nuestro noviazgo se había acabado.

Una semana después, despertamos con los sonidos fuertes de los cañones pesados de los Rusos en la distancia. ¡La invasión de los Rusos estaba ya a nuestras puertas! Todos estábamos inquietos todo ese día. Los guardias especialmente querían recibir las ordenes para pasar a lugares seguros. Los campos de prisioneros en Siberia tenían la reputación de hacer sufrir a los soldados alemanes, y muy pocos finalmente volvieron de allí. Todo el día, nuestros guardias fumaron y caminaron alrededor de nosotros, mientras trabajamos y escuchamos las armas de liberación.

El terreno se sacudía mientras los cañones sonaban en la distancia. Trabajamos en silencio ese día, algunos perdidos en sus pensamientos, otros de nosotros en oración. Cuánta falta me hacía la amistad de Steffi y la fortaleza de Cristian. Los hermanos Wolf ya no estaban, e Hilde se había ido. Pero todavía tenía mi grupo fiel de creyentes, y también tenía la fortaleza interior y paz que vino de Jesús.

Parecía que mucho tiempo había pasado sin tener noticias claras sobre la guerra. Como iba la situación se podía medir fácilmente por las actitudes de los guardias, pero nos hacían falta los detalles. Desesperadamente queríamos saber cómo se portaban los soldados rusos al liberar un pueblo. Lo único que oíamos eran reportajes horribles, que tal vez eran ciertos. Si el soldado ruso era el villano que lo pintabaran, sería posible que el rugir distante no iba a significar la liberación que tanto anhelábamos.

Un tremendo dolor ya subía por mi pierna, porque la ampolla se había infectado. Mi pierna empezó a cambiar de color, y dolía tanto que casi no podía caminar al campo después del trabajo esa noche. Traté de apoyarme en mi amiga Hela mientras cojeaba al campo, y escuchaba los disparos en la distancia.

"¡Pienso que este es el momento!" dijo Hela con esperanza, mientras que descansé contra ella en la fila de la cena. "¿Qué más cerca podrían llegar?"

"Estarán aquí ya mañana", contesté.

Comimos nuestra sopa aguada y escuchamos el sonido inquietante en la distancia. Mi mente volvió a mi tiempo en Berlín. Después de sobrevivir los ataques aéreos, todas las otras amenazas parecían sin importancia. Nunca me imaginaba que yo no había experimentado todavía mi último y más terrible ataque aéreo. Los sonidos y los olores de la guerra son espantosos. Y donde hay humo de guerra, hay víctimas que sufren la incapacidad del hombre para vivir en paz con sus semejantes. Me pregunté qué derecho tenía yo de estar a salvo en un campo de prisioneros, cuando otros afuera estuvieran muriendo.

De repente los guardias nos mandaron a nuestros lugares y aseguraron las puertas. Nos posicionaron de tal manera que no iba a haber forma de escaparnos si fuéramos a ser el blanco directo de un ataque. Las mujeres, con sus emociones ya al límite, estaban desesperadas, mientras los guardias marcharon alrededor del edificio.

"¡Han puesto las bayonetas a sus fusiles!" le comenté a Hela al mirar por la ventana.

"¿Las usarán contra nosotras?" preguntó nerviosa.

"No sé. Los guardias nos tienen rodeadas. No puedo entender si quieren mantenernos dentro o a los Rusos fuera".

En realidad éramos como animales enjaulados, a la merced de nuestros vigilantes—o nuestros liberadores. Las caras de las mujeres demostraban su espanto. Unas estaban inmóviles en sus colchones de paja. Esta tensión ya era casi más de lo podíamos aguantar, después de meses de labores inmisericordes y privaciones.

Toda la noche reinó el alboroto, con las armas disparándose en la distancia y los guardias vigilando nuestras puertas y ventanas. Sus bayonetas brillaban en la luz de la luna mientras los hombres esperaban instrucciones.

Hela Frommelt y Uschi Muller se sentaron a mi lado, en sus colchones de paja. Uschi era una de las mujeres casadas en el campo. Su esposo Helmut estaba en la parte de los hombres.

Nadie durmió esa noche, con tribulación afuera y adentro. Sin excepción, era la noche más larga que habíamos vivido. Era casi seguro que íbamos a estar bajo fuego de guerra al llegar la mañana. A la vez, mi pierna dolía por falta de atención, mientras seguía hinchándose. ¿Cómo podría yo correr de los Rusos aun en el caso de ser posible escaparnos de los guardias Nazis con sus fusiles y bayonetas. Frente a tales circunstancias, nuestra fe tenía que descansar totalmente en Dios, especialmente cuando yo pensaba en Mamá y Steffi.

Alzaré mis ojos a los montes; ¿De dónde vendrá mi socorro? Mi socorro viene de Jehová, que hizo los cielos y la tierra.
Salmo 121:1-2

Trece

EL ESCAPE

"Debemos pensar en intentar una huída", dijo Hela, mientras esperamos que amaneciera el día. "Los guardias tienen tanto temor, ¿tendrán cuidado si faltan algunas de nosotras?"

"Hela tiene razón", dijo Uschi. Era verdad que nuestros números se habían disminuido en las últimas semanas. Anders y sus hombres tenían poco tiempo para preocuparse de unos pocos prisioneros que se escaparan entre los centenares. Si Cristian no se hubiera salido precisamente frente al Sr. Anders, a lo mejor estuviéramos todavía libres.

"Vamos a orar por la oportunidad precisa", le dije a Uschi y Hela. "¡Cuando llegue, lo sabremos!"

Nadie se había movido de su colchón en toda la noche, mientras el reloj avanzaba lentamente. Las imaginaciones de todas las mujeres—ya con las emociones al punto de estallarse—casi salen fuera del control.

Pero en la madrugada, los guardias empujaron las puertas y nos dieron apenas tres minutos para juntar nuestras pocas pertenencias y formar filas en medio del campo. La confusión causó que hubiera un desorden total mientras los guardias impacientes gritaban sus ordenes. Organizaron a los hombres en un sector del campamento y a las mujeres en otro.

El Escape

De vez en cuando en la oscuridad de la madrugada, luces de fuego de tanques rusos brillaban en el cielo distante. El ejército de avance tenía dos caras, dependiendo si creíamos o no la propaganda sobre ellos.

Mientras sufrimos el frío de la mañana, de repente llegaron tres gigantescos vagones tirados por caballos. Ordenaron a las mujeres subir. Yo lo vi como un regalo de Dios. Yo nunca habría podido caminar con mi pierna infectada. Pero mientras las mujeres subimos, vimos que parecía que los hombres tendrían que quedarse en el campo.

Uschi estaba desesperada, sentada a mi lado, viendo que se tenía que separar de Helmut.

"¡Van a matar a Helmut!" gritó mientras Hela y yo tratamos de consolarla. Ella miró dentro de la oscuridad intentando ver a Helmut mientras otras veinticinco mujeres llenaron nuestro vagón. Nuestras amigas Trautel Lindberg y Ursel Engel subieron y se sentaron a nuestro lado.

"Confía que Dios le cuidará, Uschi", le rogué, mientras los guardas nos afanaron. "El es la única esperanza que todos nosotros tenemos. Helmut estará bien".

"¡Te es fácil decir eso, Anita!"

"Uschi, yo confío que Jesús cuida a mi Mamá cada día", insistí.

Los que manejaban los vagones eran prisioneros de guerra polacos que habían servido como esclavos para los agricultores alemanes del área. El que manejaba nuestro vagón era un polaco joven con cabello casi tan oscuro como la noche. Por la orden de un guardia, dio una palmada al caballo, y rápidamente salimos fuera del campo hacia una carretera de guijarro. Oí los lamentos de las mujeres casadas que tenían que separarse de sus esposos. Los prisioneros se hicieron más pequeños en la distancia mientras pasamos brincando por los baches en la calle. Traté de ver las caras de Gunter o Cristian, pero ya no se distinguían.

Detrás de nuestros tres vagones, cada uno con docenas de mujeres asustadas, iban solo dos guardas—¡en bicicletas! Era una escena cómica, ya que tenían que luchar contra la nieve y tratar de mantenerse cerca a los vagones. Daban pedal y se caían, vez tras vez, antes de poder lograr mantenerse en el camino.

"Toda esta situación es perfecta para intentar un escape", susurré a Uschi, Hela, Trautel y Ursel. "Es imposible que esos dos guardas puedan cuidarnos a todas".

"Y Anders no está con nosotras", exclamó Hela. "El se quedó con los hombres".

"¿Cuándo debemos hacerlo?" preguntó Uschi, con las lágrimas todavía surcando sus mejillas.

"Todavía no", contesté, mientras las otras me miraban como guía. "Dios tiene que mostrarnos el tiempo perfecto. No podremos hacerlo ni un minuto antes".

"¿Pero cómo sabremos eso?" preguntó Hela.

"Lo sabré, Hela", le contesté.

La mayoría de las mujeres en los vagones miraban al espacio con ojos que no veían. Con frío y miedo, muchas ya habían olvidado cómo tener esperanzas. Y las que tuvieron que separarse de sus esposos estaban luchando con las emociones de la separación repentina.

"¿Uschi, todavía tienes esos cigarrillos?" le pregunté, con un plan en mente.

Uschi asintió con la cabeza.

"De alguna manera quiero sobornar a nuestro conductor", dije suavemente. "¿Tienes algo de dinero? Puede ser poquito".

Uschi había tenido dinero antes de ser detenida, pero fue Hela quien sacó un billete de veinte marcos y nos lo mostró.

"Muy bien", dije. "Cuando llegue el tiempo, permítanme hablar.

"¡Anita, eso no funcionará!" insistió Hela. "Cigarrillos y dinero no bastarán. Nos fusilarán si le cogen".

Después de viajar varias horas, el sonido de fuego apenas se oía débilmente en la distancia. Durante el viaje pasamos varias estaciones pequeñas de ferrocarril, y unos kilómetros más adelante llegamos a nuestro nuevo destino. Crueles cercas de alambres de púas bordeaban el campamento, con gigantes cuarteles feos en medio. Casi parecía un campo de muerte ya desocupado. Quedamos atónitas al ver, mientras viajábamos, el gran número de campos similares por toda la campiña alemana. Casi nadie en Alemania podía comprender qué tan extendido era el exterminio del sistema Nazi.

El Escape

"¡Tu plan es descabellado!" Urse me dijo. "Trautel, Uschi, y yo vamos a intentar huir al bosque. ¡Tú y Hela, acompáñanos!"

"No puedo. Mi pierna no lo aguantaría".

"Me quedo con Anita", insistió Hela.

Mientras los dos guardas siguieron en consulta dentro del portón, Trautel, Uschi y Ursel brincaron del vagón y corrieron al bosque. Las otras mujeres observaron en silencio, demasiado traumatizadas y asustadas como para reaccionar o atreverse a seguirles. Al verlas correr y brincar los montones de nieve, contuvimos el aliento, esperando que no las vieran los guardas. En menos de un minuto habían desaparecido dentro de la espesura del bosque. Hela y yo nos miramos y suspiramos con alivio.

Finalmente los guardias se separaron y uno se nos acercó.

"¿Qué debemos hacer ahora?" susurró Hela con desespero.

"¡Es ahora o nunca!"

"Necesito que dos de ustedes vayan y recojan algunas cosas para el campo", ordenó el guarda.

Contesté con rapidez, "Hela y yo iremos, señor".

"¡Las otras, bájense, y entren en el campo inmediatamente! Conductor, lleve estas dos por esta calle hasta la fábrica, para conseguir estas cosas". Entregó al joven polaco una lista de artículos. "Me encontraré con ustedes en unos minutos".

Nuestros corazones latieron con emoción al ver como Dios nos preparó el escape perfecto. ¡Ahora, si podríamos sobornar al conductor polaco!

"¡Bueno, rápido!" ordenó el guarda una vez más.

Cuando bajó la última mujer del vagón, el conductor siguió por la carretera hacia una pequeña fábrica. Hela y yo nos movimos para estarle más cerca.

"A la estación de tren", rogué, a la vez que le mostré los cigarrillos y el dinero. "¡Le pedimos llevarnos allí inmediatamente!"

Sólo Dios podría hacer funcionar este plan imposible. ¿Qué ganaría el conductor—solo un poco de dinero, los cigarrillos, y probablemente un castigo severo? Pero una sonrisa se dibujó en su cara y él animó al caballo con su improvisto látigo. Hela y yo casi nos caímos al piso del vagón mientras el caballo se adelantó con un brinco. El chofer guardó los cigarrillos y el dinero en su bolsillo sin palabra. Tenía una mirada de felicidad en la cara. Tal vez no entendía lo que estaba haciendo. ¡O puede ser que Dios nos había provisto un ángel como nuestro conductor!

"¿Recuerda donde queda la estación del tren?" le pregunté.

Asintió con la cabeza. Hela y yo tratamos de mantener el equilibrio mientras el vagón brincaba en el camino. El campo de prisioneros se hizo chiquito en la distancia hasta que lo perdimos de vista.

"¡Esta vez lo lograremos, Hela!" dije con confianza. "Dios no nos daría la oportunidad perfecta para escapar solo para dejarnos fracasar otra vez".

El calor del sol de la mañana casi no penetraba el aire frío y el viento que soplaba en nuestras caras. Pero no importa, la promesa de nuestra libertad hizo su propio calor dentro de nosotras.

Como la estación de tren estaba a solo minutos del campo, pronto apareció a nuestra vista. Desde el vagón vimos una docena de aldeanos en la parte de afuera, y unos pocos más adentro de la estación.

En las rieles había un tren de carga larga, mayormente compuesto de vagones de plataforma. Y en cada vagón había un tanque de ejército. Algunos soldados alemanes parecían estar inspeccionando el tren mientras caminaban a los lados con sus gigantes fusiles.

"Favor de parar aquí", le rogué al conductor cuando habíamos llegado dentro de algunos metros del tren y de la estación. Hela y yo bajamos del vagón y mi pierna ardió de dolor cuando pisé por ese lado. Era como Dios me estuviera recordando que El nos había permitido huir a la estación de tren por caballo en vez de a pie, para evitar que tuviera que caminar toda esa distancia con mi pierna hinchada.

El conductor polaco rápidamente hizo vuelta con el vagón. ¡Qué increíble, que Dios nos enviara semejante conductor para llevarnos en este primer paso de nuestro escape! El joven había pedido tan poquito y seguramente había arriesgado su vida. Sus ojos brillaron cuando vio la emoción de nuestras caras. Al salir otra vez a la carretera, nos agitó la mano en despedida. Hela y yo nos preguntamos qué destino le esperaría a este ángel en disfraz.

Al mirar desde cierta distancia la actividad en la estación del tren, oímos pasos detrás. ¡Hela y yo volteamos justo a tiempo para ver a Uschi, Ursel y Trautel salir del bosque y dirigirse hacia nosotras! Dios había

El Escape

hecho que su llegada a la estación del tren coincidiera perfectamente con la nuestra. Ciertamente El tenía que haber estado en el centro de todo este plan de escape. Las tres escucharon atónitas cuando Hela y yo les contamos sobre nuestro conductor de vagón.

"Debemos portarnos ahora como si fuéramos aldeanos en huída", les dije a las otras. "Voy a pedirle a uno de estos soldados si pudiéramos montar en este tren de carga. Es demasiado peligroso esperar otro tren. Permítanme tener la voz".

"¡Anita, jamás nos permitirían viajar en ese tren!" dijo Hela.

"Vale la pena hacer el intento. Confíen en mí".

Caminando tranquilamente hacia la estación del tren, tratamos de no mostrar temor desmedido en las caras. Cierto temor sería normal, ya que se oían los disparos de la artillería rusa en la distancia. Pero mostrar pánico sería un grave error.

Caminé directamente hacia un simpático soldado parado al lado de un vagón de tren con un tanque demolido. Me dio una amplia sonrisa al verme.

"Mis amigas y yo tenemos mucho temor de los Rusos", le dije al soldado. "¿Podría permitirnos montar su tren para salir de aquí?"

"Usted quiere viajar dentro de un tanque demolido ruso, jovencita?" preguntó. "Podría ser un viaje largo y frío hasta la próxima estación".

"Está bien así para nosotras, señor. Sería preferible hacer esto que ser capturadas por los Rojos".

Al soldado le pareció divertida la idea de compartir un tanque con cinco muchachas.

"Permítanme preguntarlo a mi oficial de mando", contestó mientras se dirigía a la estación del tren. "Sí él lo aprueba, está bien conmigo".

El soldado entró en la estación mientras las mujeres esperamos unos metros atrás, observando nerviosamente la escena. Momentos después, él volvió con una amplia sonrisa en la cara.

"El dice que ustedes pueden viajar conmigo", anunció el soldado. "Mi nombre es Waldemar Stricker. ¿Cómo se llama usted?"

"Soy Anita, y estas son mis buenas amigas", dije mientras les señalé a que se acercaran. "Son Uschi, Hela, Ursel y Trautel. Nuestras familias huyeron del pueblo hace una semana y esperamos unirnos con ellos en Sorau".

El temor de los invasores rusos había inspirado este cuento. En menos de tres meses, yo iba a saber qué tan ciertos resultarían ser estos temores. Pero Dios ya estaba preparando mi liberación—empezando con la ampolla en el talón.

"Bueno, entonces suban encima del tanque, y les ayudaré. Pasaremos justo por Sorau".

Casi me había olvidado del dolor constante de mi pierna mientras nuestra libertad parecía más y más cerca. Waldemar subió a cada una de nosotras encima del tanque y después nos bajó a su interior. Tuvimos que sentarnos muy apretados para poder caber, ya que éramos cinco ocupando el espacio hecho para tres. Después Waldemar bajó en medio de las cinco. Era tentador reírnos de lo absurdo de la situación y la tensión del plan de escape. Momentos más tarde sonó el pito y el tren empezó a avanzar. Las cinco tratamos de no llorar de la emoción y el alivio, mientras salíamos.

"¿Les gustarían algunos emparedados?" preguntó Waldemar.

Nuestros ojos brillaron! "¡Oh Waldemar, Dios le bendiga!" exclamé.

"¿Es creyente?" preguntó, mientras alcanzó una bolsa con comida.

"¡Sí!"

"¡Yo también!" él exclamó.

¡Oh, qué tan maravilloso es Dios! ¡Sería que nos había enviado otro ángel en disfraz? Quería hacerle muchas preguntas a Waldemar. ¿Cómo podría él haber apoyado a una causa que exterminaba a judíos, si era creyente? ¿Cómo podría servir al diablo Hitler? ¿Cómo podría matar a gente inocente, al apoyar la causa de esta guerra espantosa?

Mientras pasamos lentamente por la campiña, otro soldado abrió la escotilla y se bajó.

"Les traje té caliente", anunció con una sonrisa, obviamente muy divertido con la idea de muchachas viajando en un tanque.

Se presentó como Klaus, y pudo encontrar suficiente espacio para que todos pudiéramos caber bien apretados. Ninguna sospecha se veía en los ojos de los soldados mientras nos reíamos de nuestra situación. Mas bien, eran generosos y bondadosos, y agradecidos por tener compañía durante el largo viaje a Sorau.

El Escape

"Oiga, mi pequeña amiga", me comentó Waldemar, "estás temblando. Permítame ayudarte a mantener el calor". Waldemar quitó una parte de su uniforme exterior y me envolvió en ella, después puso su brazo fuerte alrededor de mí para darme más calor. Viendo el ejemplo de Waldemar, Klaus hizo lo mismo para Hela.

Yo quería hablar de la guerra, pero sería demasiado arriesgado. Yo estaba segura que Waldemar y Klaus iban a saber los hechos a primera mano. Klaus no era creyente y parecía nervioso cuando yo mencionaba la protección de Dios sobre mi vida. Entonces preguntamos a los dos soldados sus historias, y aprendimos que estuvieron entre los pocos afortunados que pudieron volver del campo de batalla en Rusia. Hablaron de la tragedia de la guerra allí, y como miles de soldados alemanes habían muerto congelados camino a Moscú.

Los estrategas de guerra alemanes habían planeado una victoria rápida durante los meses del verano de 1941. Pero se encontraron con un ejército Rojo terco que prolongó la batalla hasta el invierno. Los hombres alemanes y sus máquinas se congelaron en ese invierno, a la vez que el ejército ruso estaba preparado para las durezas del invierno. Había sido un error de cálculo fatal de parte de los Alemanes, tal como Mamá había pensado.

Nuestro tanque tenía docenas de huecos en la parte de arriba, causados por las balas. Entonces, a medida que empezaba a nevar, los grandes copitos nos caían encima. Pero el cansancio nos ganó, y descansando sobre los amplios hombros de los soldados, nos dormimos. Pero les habíamos pedido que nos despertaran en Sorau.

De repente un movimiento del tren me despertó. Mirando por los agujeros de los huecos, pude ver que todo estaba oscuro.

"¿Dónde estamos?" pregunté, soñolienta.

"Nos faltan como setenta kilómetros para llegar a Berlín", contestó Waldemar. Me di cuenta que habíamos pasado Sorau tiempo atrás, sin parar.

"¿Por qué no nos dejaron bajar en Sorau?" pregunté, con irritación en la voz.

"Mi apreciada amiguita", dijo Waldemar, apretándome con el brazo, "sólo quería protegerte. Mi pequeño radio aquí nos informó que los Rusos estaban al punto de lanzar un ataque mayor contra Sorau.

Pasamos rápidamente por el pueblo. No había tiempo de parar, y ustedes ciertamente no habrían podido brincar de un tren en movimiento.

Mis ojos se llenaron de lágrimas mientras pensé en Papá. Le gustaba recordarme qué tan tranquilo era Sorau—tan tranquilo que él no sentía la necesidad de Dios. Me pregunté si las circunstancias ahora harían que él clamara la misericordia de Dios.

"Vamos a bajarnos aquí para un pequeño descanso", dijo Waldemar. "Estamos en una pequeña estación de tren donde podemos usar los baños y buscar algunas raciones.

El dolor en mi pierna era ya más intenso, y no sabía cómo iba a poder salir del gigantesco tanque ruso. Pero Waldemar y Klaus, con suavidad, nos bajaron a nosotras desde la escotilla.

"No estoy segura de poder caminar con mi pierna", les comenté a los soldados, mientras subí el pantalón hasta la pantorrilla. Mi pierna estaba el doble de su tamaño normal.

"¿Qué pasó?" preguntó Waldemar.

"Empezó como una ampolla y se infectó del mugre. Se ha empeorado con el tiempo".

"Tienes que conseguir tratamiento", dijo Waldemar, agachándose para mirar el feo tono azul de mi pierna. "Perderás la pierna, si no consigues ayuda".

Waldemar me alzó y me llevó a la puerta del baño de damas. Después me dio un cepillo de dientes nuevo, pasta dental, una barra de jabón, y una toalla limpia. ¡Qué lujo! Klaus le dio a Hela cosas similares. Después de llegar allí, nos reímos de lo absurdo de la situación.

"¡Pienso que son ángeles guardianes!"les dije a las otras. "Dios nos los ha enviado para llevarnos a la libertad, estoy segura".

"¿Anita, qué debemos hacer?" preguntó Hela. "No podemos ir a Berlín. Es solamente una cáscara de ciudad, y es demasiado peligroso allí. No queremos entrar en ninguna ciudad que haya recibido bombardeo del aire".

"Yo sé", contesté.

"Podemos tratar de encontrar a mis familiares en Bautzen", sugirió Uschi.

"¿Piensas que es un lugar seguro?" le pregunté.

El Escape

"Bautzen es un pueblito. Seguramente los Aliados no tratarían de invadirlo o atacarlo", contestó Uschi. "Tal vez podríamos pasar el resto de la guerra con mis familiares allí".

"¿Son judíos?" preguntó Hela. "No", contestó.

"¡Bueno! Así puede ser que estén vivos y bien", comenté con entusiasmo. "Voto por Bautzen".

"Pienso que Ursel y yo buscaremos llegar a Rostock", contestó Tautel. "Tengo amigos allí que nos esconderán".

"Hay seguridad en mayoría", dijo Hela. "Deben de quedarse con nosotras".

"No, he decidido", contestó Trautel. "Tengo que ir a Rostock".

Cuando salimos del baño, Waldemar y Klaus nos esperaban con lo que parecían raciones de hambre de soldados. Habían conseguido solamente té caliente, panecillos con mantequilla, y dos huevos. De todos modos, compartieron bondadosamente con nosotras. Waldemar insistió que yo comiera uno de los huevos para que me diera fuerzas. Mientras comimos, me rodeó con el brazo como para protejerme.

"Waldemar", le dije con tristeza, "como no pudimos salir en Sorau y encontrar a nuestras familias, hemos decidido ir a Bautzen y Rostock. ¿Pudieras ayudarnos a llegar allí?"

Los soldados pensaron en silencio. Nuestra compañía obviamente había sido un punto especial en su experiencia como soldados.

"Estoy triste por verte partir, pequeña", contestó Waldemar. "Había esperado que nuestra amistad fuera más larga".

"Pero tenemos que encontrar a nuestras familias, Waldemar", le dije. "¿Comprendes, verdad? No tenemos a nadie en Berlín. Trautel tiene amigos en Rostock, y Uschi tiene familiares en Bautzen".

"Rostock es solo una cáscara, temo", dijo Waldemar. "Los Aliados lo atacaron desde el aire".

"Iremos allí, de todos modos", contestó Trautel.

"Bueno, está bien", asintió Waldemar. "Nuestra próxima parada es Furstenwalde, un barrio de Berlín. Ustedes dos pueden coger un tren directo a Rostock. Anita, tú y las otras tendrán que coger un tren desde Furstenwalde a Dresden, y después pasar a un tren para Bautzen. Pueden entender que habrá un largo tiempo de espera en cada estación. Los trenes ya no son puntuales, como saben. Los Aliados han destruido muchos de nuestros rieles. Bueno, es tiempo de volver a nuestra lata de sardinas".

Waldemar y Klaus nos subieron otra vez al tanque, y viajamos en silencio durante otros treintaicinco kilómetros. Waldemar escribió una dirección en un pedazo de papel y me lo entregó mientras viajábamos los últimos kilómetros con los soldados.

"Esta es mi dirección, Anita", dijo. "¿Me escribirás, verdad? Sólo Dios sabe cuando nuestros caminos se cruzarán de nuevo. Oro que sea pronto".

"Te escribiré", le prometí, "y oraré por ti cada día".

Waldemar se agachó y me dio un beso en la mejilla.

Unos minutos más tarde el tren de cargo llegó a Furstenwalde, y Waldemar y Klaus nos bajaron otra vez.

"¡Ellos eran maravillosos!" exclamó Hela, hablando de Klaus y Waldemar, mientras el tren salió de vista. "Creo que Anita tiene razón cuando habla de ángeles". Aunque pensaba utilizar el dinero de Mamá para comprar su libertad, la oportunidad nunca se presentó. Entonces compré la libertad para Uschi y Hella y para mí—boletas para Dresden y después para Bautzen. Posiblemente tendría un poco de sobra, para alguna emergencia. Dios estaba proveyendo para nuestras necesidades.

El Escape

Ursel y Trautel habían podido conseguir suficiente dinero de su sueldo del campo como para comprar tiquetes a Rostock. Pero eso era otro milagro, porque los guardias de costumbre encontraban razones para coger para sí nuestros míseros sueldos. El dinero que Mamá me había dejado era un regalo de Dios, porque Hela, Uschi, y yo nunca recibimos nada de esos supuestos sueldos.

Ya era la mitad de la mañana cuando el tren de Rostock llegó, y nos despedimos con Ursel y Trautel. Uschi, Hela, y yo tuvimos que esperar casi seis horas para un tren a Dresden, y ya estaba casi oscuro cuando subimos a bordo. Descansé en el sucio tren atestado, y traté de disfrutar de mi libertad recién conseguida.

Mis pensamientos volvieron a tantos seres queridos: Mamá, Papá, Steffi, Cristian, Rudi, Gerhard, Wolfgang, Joaquín, los Rosen, Ana, Gunter, y mis tres tías. Las separaciones eran unos de los peores aspectos de la guerra, y las incógnitas sobre sus destinos también hicieron que todo fuera más difícil. Si Berlín no hubiera sido tan destrozado y si hubiera tenido familiares allí, me hubiera gustado ir allí para buscar a Rut Conrad y su familia, que me dieron en forma tan bondadosa algo de comida durante mi tiempo con la Sra. Michaelis. Pero me pareció lógico ir a Bautzen, que tal vez había quedado libre de los efectos de la guerra. También yo sabía que mi pierna dolida necesitaba desesperadamente una atención médica.

Después de la medianoche, llegamos a una estación de tren en un barrio de Dresden llamado Arnsbach. Era lunes, 12 de febrero, 1945. Durante un rato, nos sentamos con sueño en la estación del tren, esperando nuestro tren a Bautzen. De repente, las sirenas de un ataque aéreo empezaron a sonar, y la gente con pánico empezó a correr al refugio antiaéreo debajo de la estación. Hela y Uschi empezaron a correr allí también, pero yo sabía que mi pierna no me permitiría bajar las muy largas escaleras hasta allí. Hella y Uschi me miraron atónitas cuando se dieron cuenta que yo tendría que quedarme arriba.

"Yo no puedo bajar", les dije. "Déjenme, sigan adelante les ruego. ¡No se preocupen por mí!"

Sus caras demostraron su temor y preocupación por mí, pero cuando oímos el silbido de la primera bomba en el aire, ellas voltearon y corrieron hacia el refugio.

Atrapada En El Infierno De Hitler

Yo corrí a la calle, pensando que iba a ser más seguro fuera de un edificio que dentro. Pensé como demasiadas veces las personas quedan sepultadas en edificios cuando las paredes se desploman. Mirando hacia arriba, vi docenas de luces cruzando el cielo, y después oí el sonido horroroso de los silbidos de las bombas al caerse. Después, las bombas empezaron a encontrar sus blancos, y la tierra alrededor de mí empezó a convulcionarse.

"Querido Dios", Le rogué, "sólo podré pasar esto por medio de Tu ayuda".

De repente gigantescas llamas aparecieron por todos lados, y Dresden empezó a brillar con un tono anaranjado brillante. Y como suena el trueno después de un relámpago, ya se oían las explosiones de las bombas. Grandes llamas grotescas sepultaron incontables miles de Alemanes. Yo estaba en medio del famoso tormento de fuego de Dresden, producido por la presión del aire en reacción al intenso calor. Gigantescas columnas de humo opacaron la luz de las estrellas y de la luna.

De todos lados corrieron centenares de personas en estado de choque. Muchos tenían sus cuerpos mutilados y lloraban del dolor y la tristeza. Niños aterrados buscaban a sus padres.

Escondí mi cabeza en mis manos y lloré por Alemania y por su gente torturada. ¿Cómo podría yo vivir con esta memoria el resto de mi vida? Cuánto quería recoger a toda la humanidad sufriente de Dresden en mis brazos y hablarles del poder salvador de Jesús. Para muchos ya era demasiado tarde, pero otros estaban en la boca del infierno y yo estaba segura que oirían el mensaje.

Después de lo que parecían solo minutos, las bombas dejaron de caer. Un silencio extraño cayó sobre la ciudad en llamas. Era el silencio de la muerte, roto solamente por los clamores apagados de su gente atrapada y moribunda. Más de 135.000 perecieron en el ataque.

La estación del tren había escapado un ataque directo, y sus ocupantes asustados salieron a la superficie cuando la sirena señaló el fin del ataque. Cuando Hella y Uschi vieron la destrucción alrededor nuestro, no pudieron creer que habíamos sobrevivido. Ni tampoco podían creer que yo había estado parada allí sin sufrir daño alguno en el centro de la calle mientras los edificios cayeron alrededor mío por todos lados.

El Escape

"Yo tengo un Dios muy grande", les dije. "Por alguna razón, Él quiere que yo viva. Es la única explicación".

Las sirenas de las ambulancias sonaban durante horas esa noche, mientras Alemania intentaba vendar a sus heridos y moribundos. Como la estación del tren era uno de los hospitales improvisados, observamos como entraban con los heridos. Centenares de víctimas fueron atendidos por unos pocos doctores y enfermeras que habían sobrevivido la tormenta de fuego.

El sufrimiento de los inocentes a causa de la incapacidad del hombre de mantener la paz en la tierra siempre estará grabado en mi mente.

Nuremberg, Germany—1945

Catorce

HOSPITALIZADA

Bautzen era un pueblito limpio que había escapado de la destrucción de la guerra. Los familiares de Uschi nos consintieron cuando los encontramos, y casi en seguida me llevaron al hospital local. Pude ver que el hospital estaba manejado por Nazis, y algo de su porte me dijo que todavía no habían perdido su fe en el "glorioso" sueño del Tercer Reich.

La enfermera de cabeza, la Srta. Grete, tenía que abrir y cortar la media, que estaba pegada a mi pierna hinchada. La infección ya tenía mi temperatura a casi 105 grados.

Mientras que ella se ocupó de mi pierna, la Srta. Grete me estaba observando, mientras que yo tenía en mi vista el emblema feo Nazi de su uniforme.. Obviamente no le gustó que yo no respondiera a su "Heil Hitler" cuando nos conocimos. Me dio una bata delgada de hospital y me llevó al final del pasillo. Cuando al fin estuve acostada entre las sábanas, casi deliriaba de la fiebre. Sin embargo, parecía que me habían puesto al final de la lista de prioridad para el personal, porque duré varias horas esperando alguna atención. Finalmente perdí todo concepto del tiempo al estar entrando y saliendo del conocimiento. Muchas veces oía pasos en el pasillo pero no llegaban a mi cuarto.

Dos días después, me hicieron una cirugía de emergencia, abriéndo dos huecos en el pie para permitir el desagüe de la infección. Como la

Hospitalizada

anestesia era muy escasa, no me dieron lo suficiente, y desperté a mitad de la cirugía. Entre el dolor, oí decir a la Srta. Grete, "Ella, si, habló bastante, ¿no es cierto, Doctor?

Me sentí congelada del miedo, pensando que habría revelado mi pasado. Mi temor fue confirmado en los días y semanas que siguieron, mientras los del hospital Nazi me demostraron su negligencia de diferentes maneras. Además de dejarme sin atender durante muchas horas, nunca me dieron pastillas para el dolor. Como yo nunca respondía a los "Heil Hitler" de la Srta. Grete, ella no me daban las vendas adecuadas para la herida de mi pierna. También hacía que las rutas de visitas de los médicos los mantuvieran lejos de mí, de modo que no me atendían algunos días. A causa de ese tratamiento y porque desarrollé una alergia contra cierto medicamento, tuve que aguantar seis largas semanas de soledad y negligencia en el hospital. Solamente las frecuentes visitas de Hela hicieron posible que pudiera soportar la situación.

Mi pierna fue cortada y cosida rápida e impropiamente durante cuatro cirugías. Seis cicatrices feas iban a ser el resultado. Justo antes de la última cirugía, un doctor Nazi dijo, "Anita, tenemos que meter más tubos de drenaje en su pierna. Esto es serio, porque estaremos trabajando cerca a una arteria. Si se complica, es posible que tendremos que amputarle la pierna".

¡Cuánto necesitaba las palabras consoladoras de Mamá durante esas horas de cirugía! ¿Cómo podría yo evitar que esos Nazis cortaran mi pierna solamente porque yo les desagradaba. Sólo pude hablar con mi Padre Celestial, y confiar totalmente en El. Otra vez, El fielmente me mostró Su amor, porque supe que el día de mi cirugía, la Srta. Grete iba a estar de descanso. Así que, ella no iba a estar en la sala de cirugía, animándoles a amputarme la pierna.

Otra vez, sólo me dieron suficiente éter como para apenas dormirme, de modo que oía las voces de los doctores y las enfermeras durante la mayor parte de la cirugía. El dolor fue tan intenso que yo esperaba poder desmayarme.

Después de la operación, mientras estuve allí con los dientes apretados, palpé debajo de las sábanas por ver si mi pierna todavía estuviera allí. ¡Gloria a Dios, allí estaba! Creo que Dios me la preservó porque sabía que la iba a necesitar para el largo viaje a Theresienstadt.

Otra vez la palpé mientras me llevaban a mi cuarto oscuro. Mis ojos se llenaron de lágrimas mientras reconocía la misericordia de Dios que me había preservado intacta.

Hela me visitó esa noche, y como de costumbre, me actualizó sobre la guerra.

"Las tropas Aliada están ahora en casi toda ciudad mayor, Anita, y están en las afueras de Berlín. La guerra terminará en pocos días, pero las malas noticias son que los Rusos avanzan hacia Bautzen también. Pueden llegar cualquier día".

Habíamos orando y esperado que la guerra terminara antes de una invasión de Bautzen, porque todavía temíamos a los Rusos, porque no sabíamos cómo nos tratarían. ¿Nos iban a saquear, quemar y violar, o liberar y restaurar? Habíamos oído una propaganda muy horrible sobre los Rojos. Según Hitler, eran tan despreciables como los judíos. ¿Cómo iban a saber los Rusos que Hela, Uschi y yo éramos víctimas de la guerra y no perseguidores? Todas estas preguntas llenaban mi mente, mientras estaba en la cama recuperándome.

Hela también me dijo que el Presidente Roosevelt había muerto esa semana. Me sentí muy triste que el hombre que había hecho tanto para apresurar mi libertad no hubiera vivido para ver la celebración de victoria.

Cuando subí las cobijas para mostrarle a Hela mis feas heridas en la pierna, que iban dejar cicatrices que durarían toda mi vida, ella se angustió.

"No te preocupes, Hela", le dije con calma. "Estas heridas y cicatrices serán para mi salvación. Dios me ha convencido durante estas semanas de estar aquí que todas las cosas ayudan para bien; entonces, así será en cuanto a estas heridas".

Esa semana Hela fue al hospital todos los días, y me ayudó a aprender a caminar de nuevo. Trabajé frenéticamente buscando recuperar las fuerzas de mi pierna para que pudiera hacer el largo viaje a Checoslovaquia para buscar a Mamá.

Después de pasar más de seis semanas en el hospital, me dijeron que podría salir. Esa mañana amanecí con un nuevo entusiasmo por la vida. La prueba había pasado. Pero antes de aún empezar a recoger mis cosas, oí la histérica voz de la Srta. Grete en el pasillo.

Hospitalizada

"¡Salgan de las camas, todos los que lo puedan hacer!" gritó. "Vístanse inmediatamente y corran al refugio antiaéreo. ¡Los Rusos están en Bautzen! ¡Corran!"

Luché para vestirme mientras el personal asustado del hospital y los pacientes corrían de un lado a otro, pero todavía estaba muy débil y tenía muy pocas fuerzas en la pierna operada. Aún así una paz inexplicable de Dios me llenó de nuevo.

Mientras traté de alcanzar el bastón que me habían dado, oí disparos en las calles. También se oían a ratos los disparos de cañones. Todos sabíamos que un solo disparo de un cañón ruso podría destruir un edificio.

Lentamente fui por el pasillo, apoyándome contra la pared y en el bastón. Cuando la Srta. Grete me vio con el bastón, me lo quitó de golpe, y casi me caigo al piso.

"¡Esa anciana allí lo necesita!" insistió. "Vaya a ayudarle a llegar al refugio".

"Oh amado Dios, dame fuerzas dobles", rogué suavemente. Sólo Dios me podría fortalecer para mantenerme en pie a la vez que tenía que ayudar a la anciana. Pude balancearme y a ella mientras bajábamos las escaleras.

Casi cien pacientes y personal del hospital caminaron, corrieron, o se movilizaron en sillas de ruedas hasta el refugio antiaéreo debajo del hospital. Otra vez oí los gritos lastimosos de personas desesperadas, cuyos cuerpos protestaban la bajada al refugio frío y húmedo.

Dios nos tuvo misericordia, porque justo después de cerrar la puerta del refugio, oímos el estallido de un mortero que dio en el primer piso del hospital. Al principio, pensamos que fue por accidente, y que los Rusos no atacaran a sabiendas a un hospital que cuidaba la gente civil. Pero después otro mortero estalló contra el hospital. Todo el día sonaban disparos en las calles, mientras los soldados alemanes trataron de salvar a la ciudad, pero ya no podían detener más a los Aliados.

Tenía mucho temor por Hela y Uschi y sus familiares. Pero solamente podía dejarles en las manos de Dios, como había tenido que hacer con tantos otros seres queridos.

Durante ocho días, quedamos en el refugio a la luz de las velas, mientras los Alemanes valientemente trataron de salvar al pueblo. Cuatro pacientes compartimos una pequeña cama. Casi no podíamos movernos, porque al voltearnos, una podría caerse al piso. Algunos pacientes maldecían mientras otros lloraban o pedían misericordia, pero el personal del hospital sólo había podido llevar muy pocos materiales médicos. Teníamos muy poca comida, y parecía que el refugio estaba muy mal preparado para una prueba larga. Era evidente que nadie quería admitir que un día podría llegar, cuando muchos tendrían que quedarse apretados dentro del refugio.

Busqué consolar a las tres ancianitas que compartían mi cama.

"¿Conoce a Jesús?" le pregunté a cada una por individual. "Porque El nos ha prometido vida eterna después de la muerte, así que no tenemos que tener temor. El dice que aún si andamos en el valle de la sombra de la muerte, no tenemos que temer mal alguno, porque El está con nosotros".

Ellas escucharon mientras les consolaba y citaba los pasajes bíblicos que había memorizado. Yo había perdido mi Biblia en la confusión de nuestro escape del campo. Puse la mano en mi bolsillo para tocar mis únicas posesiones: un cepillo de dientes, una pequeña barra de jabón, una peinilla rota, y el poco dinero que quedó de lo que Mamá me había dado.

"Hitler llegó a ser mi dios", confesó una de las señoras. "Pensamos que él era el salvador del país. El nos prometió tanto…."

"Fue apenas en los últimos meses que entendí que él era solamente un demagogo", confesó otra. "Qué sueño. Qué pesadilla. ¿Podría Dios perdonarnos?"

"¡Sí, puede!" contesté con entusiasmo. "Es Su especialidad. El podría perdonar aún a Hitler, si el fuera a pedir Su perdón. Así es Dios de misericordioso".

"Yo creía en Dios antes", una anciana confesó, "pero es difícil creer en El ahora. He visto tantas cosas feas. Viví en Berlín pero huí a Bautzen para estar con mi hija. Berlín es solo una cáscara, como sabes. La mayoría de mis amigos murieron".

"¿Y su hija?" le pregunté. "¿Está bien?"

"¿Cómo puedo saber, cuando estoy atrapada aquí? Oigo los disparos de los cañones y los fusiles. ¿Cómo puedo saber que no se disparan contra mi hija y su familia?"

Hospitalizada

"El fuego tiene que estar dirigido contra los soldados alemanes y no contra los civiles inocentes", le dije, buscando consolar a la anciana. "Voy a orar por tu hija ahora mismo. ¿Quieres orar conmigo?"

"Sí, me gustaría", contestó.

Después del cuarto día de la batalla, se hizo silencio fuera. Obviamente la batalla se había ganado por un lado o el otro. Pronto tuvimos la respuesta, cuando una docena o más de soldados rusos invadieron el refugio antiaéreo. Todos quedamos tiesos de temor mientras los Rusos nos miraban. Cargando sus grandes fusiles con bayonetas, hablaron entre sí, y después empezaron a mirar a las mujeres del hospital y a las pacientes. Después empezaron a levantar una por una a algunas de las mujeres y tirarlas al piso. Los demás observamos horrorizados como violaron unas doce mujeres.

Dos soldados siguieron derechos hacia mí. "¡Oh Dios, ayúdame!" rogué en voz alta. Sacándome de la cama, me tiraron al suelo y empezaron a romper mi ropa. Era una escena propia del infierno, y la naturaleza depravada del hombre se personificó delante de mis ojos.

Los dos soldados miraron a mi pierna sin sus vendas, con sus heridas feas rojas solo parcialmente sanadas. Ellos hicieron muecas al ver la pierna y hablaron entre sí. Después, menearon las cabezas y fueron a buscar a una victima más interesante. ¡Entonces, esa fue la salvación prometida, que resultaría de mis heridas!

Cuando la pesadilla terminó una hora más tarde, todas estábamos en un estado de choque, preguntándonos qué hacer o a dónde ir. Encontradas, conquistadas, abandonadas. El desespero se manifestó ese día con muchas caras diferentes: temor, confusión, agonía, soledad. ¿Sufrieron todos los alemanes así cuando llegaron a estar bajo las armas de los Aliados?

Vi a una mujer llorando mientras estaba sentada en el piso, en un rincón. En la oscuridad del refugio, no pude distinguir quién era. Cojeé allí para ver si le podría ayudar o por lo menos escuchar su problema. Era la Srta. Grete. Oré que Dios me diera la humildad y la compasión necesarias para alcanzarla y consolarla.

Tímidamente me agaché al lado suyo y puse mi brazo alrededor de sus hombros. Ella no trató de alejarse, aunque sabía que era yo. Ella inclinó su cabeza contra mi hombro y lloró amargamente. En frases quebradas me dijo que había sido violada cuatro veces por los soldados rusos.

"Dios les tenga misericordia", le dije.

Ella me miró con los ojos rojos e hinchados. "¿Cómo puede usted consolarme?" me preguntó. "Realmente le quería matar después que habló en la camilla de cirugía y descubrimos que usted es Judía".

"Jesús nos dice que amemos a nuestros enemigos y que hagamos bien a los que nos persiguen", contesté. "El amó aun a los que Le colgaron en la Cruz, y El pidió a Su Padre que los perdonara".

La congoja de la Srta. Grete no era solamente del asalto físico que había sufrido; vino de la visión rota de la gloriosa patria—el entendimiento que Hilter, el encantado líder a quien había seguido, era un fraud. El Tercer Reich finalmente le había causado su dolor—con su caída.

> **Oísteis que fue dicho: Amarás a tu prójimo, y aborrecerás a tu enemigo. Pero yo os digo: Amad a vuestros enemigos, bendecid a los que os maldicen, haced bien a los que os aborrecen, y orad por los que os ultrajan y os persiguen. Mateo 5:43-44**

Quince

EL FINAL DEL VIAJE

"Vaya a la casa ahora, Anita", el doctor alemán me dijo. "No podemos hacer nada más para su pierna. Se está sanando bien".

"¿Dónde está mi casa? pensé. Bautzen ya estaba en ruinas, y no pude localizar a Hela o Uschi y su familia. Había oído que Sorau estaba destruido. De alguna manera podría caminar o buscar algún transporte o tren para ir a Theresienstadt, buscando encontrar a Mamá.

El Führer se había disparado en la cabeza el día antes, mientras los Rusos subían las gradas del edificio del parlamento en Berlín, para allí alzar la bandera Roja. Tal como el Pastor Hornig había previsto, Hitler resistió a rendirse hasta que el enemigo ya estaba en la puerta.

El Führer estaba muerto, y Alemania estaba en ruinas; pero por lo menos, ya se había acabado la guerra. El reino de doce años de Reich quedó muy lejos del sueño de un reino de mil años. Muy pocas de sus metas se habían alcanzado. Ahora, no era solamente Alemania que tenía que volverse a edificar, sino que todo el mundo necesitaba volver a buscar orden.

Arrastrando mi pierna adolorida, caminé hasta la estación del tren en Bautzen, triste por toda la destrucción que vi en todo el camino. Entendí que toda esa desolación se repetía en forma aumentada en toda Alemania y a través de toda Europa.

Milagrosamente, tenía apenas suficiente dinero como para poder entrar en Checoslovaquia y también comprar un pasaporte, pero los trámites para conseguirlo iban a ser largos y penosos. Donde quiera que iba, una confusión total reinaba, porque Alemania era un país sin líder. Parecía que nadie sabía quién mandaba. Había largas esperas en ciudad tras ciudad en todo el camino a Theresienstadt. Me mandaban a campos de refugiados donde podía esperar medio día en filas para conseguir una ración de comida. Pero otra preocupación me pesaba más: ¿Mamá habría sobrevivido Theresienstadt?

En la ciudad de Asch cerca a la frontera checa, me enviaron a una oficina para conseguir un pasaporte. Un anciano bondadoso con gruesos lentes me ayudó, mientras llené los formularios necesarios para ganar entrada a Checoslovaquia. Cuando él supo que yo había perdido a mi familia y pasado tiempo en el Campo Barthold, con simpatía puso cuidado a que yo llenara todo correctamente. En sus ojos aparecía algo de duda, cuando por fin lo verbalizó.

"¿Por qué quieres ir a Checoslovaquia, jovencita?"

"Mi mamá está en Theresienstadt", contesté. "Tengo que buscarle".

"¿Sabes algo de Theresienstadt?" preguntó.

"No, parece que nadie sabe mucho de él".

"Los Rusos lo liberaron algún tiempo atrás, sabemos. Pudieron controlar la terrible epidemia de tifoidea también. De hecho, los Rusos libraron el campo justo el día antes de que todos los prisioneros iban ser matados por gas. Habían ordenado a los mismos prisioneros que a toda prisa construyeran las cámaras de gas. Los Alemanes los estaban forzando a hacerlas, esperando que los pudieran exterminar antes de llegar los Rusos, pero los prisioneros a propósito se demoraron haciendo las cámaras. No quiero desanimarte, señorita, pero muchos de los prisioneros allí han muerto".

"He luchado para sobrevivir, solo para reunirme con mi mamá", le contesté.

"Bueno, entonces no debe viajar sola por Checoslovaquia. Los Checos no demuestran bondad hacia nadie que hable Alemán. Sugiero que usted finja ser sordomuda, y que no hable con nadie a menos que sea absolutamente necesario".

"Le agradezco sus bondadosas palabras de advertencia", le dije, mientras que él selló mis papeles y los grapó. "Haré lo que me dijo, y oro que yo pueda aceptar lo que me espera, al llegar a Theresienstadt. Pienso que Dios me dará la recompensa de mi fe".

Minutos después me entregó el pasaporte.

El Final Del Viaje

"De aquí tiene que ir a Praga, y después cambiar a un tren para Leitmeriz. De Leitmeritz es como quince kilómetros a Theresienstadt. Puede ser que tendrá que caminar o pedir que le lleven a esa distancia. ¿Tiene algo de dinero?"

"No, señor, ya le di todo lo que tenía para el pasaporte".

"Lo siento que no le pueda ayudar".

Después de pasar la tarde en fila para raciones, subí al tren de Asch para Praga. Era una tarde preciosa de verano, y el paisaje era pacífico ya. Estaba en la parte final de un viaje que yo había empezado dieciocho meses antes, cuando arrestaron a Mamá.

Se oscurecía mientras cruzamos la frontera con Checoslovaquia, donde docenas de gente checa subieron al tren. Recordando las advertencias del anciano, me quedé solita y miraba sin ver por la ventana. Los jóvenes checos se reían mientras caminaban por los pasillos, y de repente me sentía como atrapada en una tumba movible si la gente fuera a querer hacerme daño. Mirando en la oscuridad, sentí una mano en el hombro. Asustada, me volteé para ver la cara de un simpático joven con cabello oscuro crespo. Se sentó al lado mío y me empezó a hablar en un idioma desconocido. Yo estaba atrapada.

"No entiendo", contesté.

"¿Americanski?" preguntó.

Busqué en mi bolsillo, y saqué el pasaporte con todos los detalles, incluyendo mi fondo judío. Al estudiar mi pasaporte, sus ojos brillaron y después se llenaron de lágrimas.

"¡Shalom, mi amiga!" dijo en alemán quebrado. "Yo también soy Judío, volviendo de un campo de concentración. Mi hogar es en Praga. ¿Para dónde vas?"

"Theresienstadt, a ver si mi mamá está allí".

"Te llevaré allí, mi amiga, y cuidaré a que consigas el tren correcto. Es demasiado peligroso para una jovencita como tú viajar solita".

"¡Oh, tú eres un ángel del cielo!" exclamé. "Dios me ha enviado varios como tú". Lágrimas surcaron ambas caras mientras nos abrazamos, el lenguaje de amor universal y de entendimiento. A causa de nuestro sufrimiento mutuo, inmediatamente nos sentimos unidos.

Pedro casi muere de las labores en un campo de trabajos forzados. La mayoría de sus compañeros no sobrevivieron la experiencia, y otros murieron de hambre. La cara joven y simpática de Pedro era demacrada y cansada.

Le dije que yo era creyente en Jesús, pero no le pareció importante, aunque era Judío algo religioso. Su familia había muerto en la guerra, y él volvía a casa en Praga para tener noticias oficiales de sus seres queridos. Volver al ghetto judío en Praga o el Campo Theresienstadt sería como entrar en un edificio quemado para ver si todavía habría sobrevivientes.

En Praga cambiamos trenes para Leitmeritz, y allí Pedro encontró a un joven policía que me podría llevar los últimos quince kilómetros en su jeep. Le expliqué mi situación y le comenté de Mamá. Sus hermosos ojos cafés mostraron preocupación mientras le compartí mi tremendo entusiasmo para esta última etapa de mi viaje. Era la misma mirada de preocupación que el anciano me había mostrado y que decía sin palabras, "Hija, no guarde esperanzas vanas".

Me volteé a despedirme con Pedro, ¡pero se había desaparecido!

"¿Usted cree en ángeles?" le pregunté, al mirar alrededor en la oscuridad.

"No sé," contestó.

"Yo sí, creo", dije suavemente. "Creo que acabo de conocer a otro. Es Pedro. Sabe, que ni sé su apellido".

"Jovencita, ore que el mismo Dios que le envía ángeles, haya guardado a su mamá con vida. Los que no murieron de hambre o demasiado trabajo murieron en la epidemia. Bueno, vamos".

Brincamos en el camino sin pavimento durante veinte minutos. Traté de no pensar en la charla del amigable policía checo que tan amablemente me estaba llevando a Theresienstadt. Yo necesitaba organizar mis pensamientos.

Ya empezaba a amanecer, y calculé la hora cerca a las 6:00 a.m. Estaba extenuada después de semanas de viaje. En la tenue luz, pude distinguir a Theresienstadt en la distancia. Se había convertido de campamento a ciudad, una ciudad encerrada por altas paredes negras. Los pocos sobrevivientes se habían quedado en Theresienstadt después de la guerra, porque no tenían a dónde ir. Como perros enjaulados, tenían que esperar la llegada de familiares para recogerlos.

Al acercarnos a la puerta principal, mi corazón casi se desmaya. Pude ver un aviso con calavera que decía: "Absolutamente prohibida la entrada". Dos guardas rusos me miraron con apatía.

"Favor, señor", le dije a uno de ellos. "He viajado por semanas para llegar hasta aquí y encontrar a mi mamá. Les ruego que me dejen entrar".

"Nuestros órdenes son de no dejar entrar a nadie", contestó. "¿No puede leer el aviso? Este lugar está en cuarentena. Ha habido una epidemia muy maligna aquí".

"No importa, señor, estoy lista a arriesgarme. Tengo que ver si Hilde Dittman todavía vive".

"Tengo mis ordenes, muchacha".

De repente, el efecto de los largos años de desengaños y quebrantos de corazón subieron a la superficie y explotaron; rompí a llorar amargamente. Con la cabeza en mis manos, dejé que años de sufrimiento salieran, derramándose en llanto.

"Me dijeron que la epidemia ya se ha acabado", dijo mi amigo policía a los guardas. "¿Por qué no dejarla entrar? Ella ha venido desde muy lejos".

Los guardas consultaron entre sí mientras yo seguía llorando como una niña pequeña. Si Dios alguna vez pudiera tocar a alguien con una pizca de misericordia, oré que lo hiciera en estos hombres que me impedían el paso a Theresienstadt.

"Bueno, está bien", dijo uno de ellos, al coger el tirador de la puerta. "Llévala a la oficina principal, ese edificio blanco por aquella calle. Después, voltéese y salga de aquí".

"¡Oh, gracias, señor!" exclamé, con la cara mojada de mis lágrimas.

Mi bondadoso policía convertido en chofer pasó por la puerta y me dejó frente al edificio principal. Parada en las gradas desgastadas, vi como él volteó y salió a toda velocidad. El campo parecía ser un desierto total. Pero todavía era temprano. Desde donde estaba parada, pude observar la ciudad y como se extendía varias cuadras en diferentes direcciones. El único sonido que rompió el silencio era el movimiento de una bandera rusa en la brisa cerca a la entrada.

Volteé y entré en el área de la recepción, a la vez que una señora anciana de cabello gris llegó a trabajar.

"Perdone, señora", le dije mientras ella ordenaba su escritorio para el trabajo, "¿es este el lugar donde yo podría preguntar sobre una prisionera? Soy Anita Dittman, y busco a mi mamá, Hilde".

"Este nombre no me suena", contestó. "Déjeme mirar a ver".

Fue a mirar en una carpeta, hojeando listas de centenares de nombres. Sus dedos llegaron al final de la lista, y ella frunció el entrecejo.

"Su nombre no está en la lista", dijo, "pero hay un lugar más donde puedo mirar. Espere aquí".

Caminó a otro cuarto de archivos y demoró como diez minutos. ¡La espera me pareció la agonía más intensa que jamás había conocido! Mi cabeza dolía del cansancio y del hambre—y de la tensión del momento. A pesar de la frescura de esa mañana de junio, empecé a sudar.

Oh amado Dios, dame la fortaleza necesaria para oír su respuesta", oré en silencio. ¡No puedo creer haber llegado de tan lejos, sólo para estar decepcionada!

La ancianita salió del cuarto de archivos con una amplia sonrisa.

"Hilde Dittman está viva y en buena salud", anunció. "Está viviendo aquí en el campo, juntamente con otras señoras, en esta dirección. Creo que está en el tercer piso. Es un antiguo edificio al final de esta calle".

El Final Del Viaje

"¡Oh, muchas gracias, y que Dios le bendiga!" le dije, al tomar el papel con la dirección. Hilde Dittman está viva y en buena salud". Las palabras sonaban vez tras vez en mi mente.

¿Qué le iba a decir a Mamá? ¿Se habría quedado fuerte su fe en los últimos dieciocho meses? Íbamos a durar semanas actualizándonos sobre los eventos de nuestras vidas. Me sentí explotar con esperanza y entusiasmo mientras miraba las direcciones en la calle.

Algunos pocos sobrevivientes del campo ya estaban caminando por ahí. Sospechaba que la mayor parte de ellos eran judíos incrédulos que desesperadamente necesitaban oír un mensaje de esperanza. Sin duda habían perdido todo, porque sus caras cansadas de la guerra reflejaban su desolación. Todos eran sumamente flacos y envejecidos más allá de sus años. ¿Qué aspecto tendría Mamá?

Por fin, paré frente al edificio de Mamá. En este momento una Judía de mediana edad salió para darse el sol, y me saludó.

"Soy Anita Dittman", le dije. "¿Vive mi mamá en esta dirección?"

"¡Claro que sí!" contestó Hennie Roseberg, con una sonrisa grande en la cara.

"Nos ha dicho tanto de ti, Anita. Me siento como si tú y yo fuéramos antiguas amigas. Sube conmigo por las escaleras".

Subimos por lo que parecía una cantidad infinita de escaleras hasta llegar al último piso del antiguo edificio maloliente.

"Somos seis quienes hemos compartido un pequeño cuarto desde que terminó la guerra", dijo Hennie en son de disculpa. "Es un poco desordenado, como tú puedes imaginar".

Al fin llegamos, sin aliento, al final de las escaleras. Hennie abrió la puerta del apartamento y entró primero. ¡Después me tuvo la puerta y vi a Mamá sentada en el borde de su cama, con la misma bata rosada que le había dejado en el sótano de la sinagoga!

Los ojos de Mamá se llenaron de lágrimas cuando nos vimos, y quedamos inmóviles. Estaba pálida y había perdido como cuarenta libras, pero sus ojos tenían la misma chispa que yo recordaba. Después, sin hablar, nos acercamos. Mamá puso sus brazos en mis hombros y me miró durante un momento largo, antes de que ambas rompiéramos a llorar y a abrazarnos, en silencio expresando nuestro agradecimiento mutuo a Dios.

"Hace una hora, Anita, una buseta salió para Breslau. Habría podido irme, pero sentí seguridad de que tú vendrías aquí, aunque tuvieras que arrastrarte".

"¿Recibiste mi nota, entonces?"

"Solo porque casi muero de hambre la semana antes que lo mandaste. Cuando llegó el pan, estaba mohoso. Pero tenía tanta hambre que tenía que encontrar una parte que pudiera comer. Encontré la nota primero. El pan que quedó me duró durante días. Desde el día que supe de tu arresto, Anita, los pocos creyentes aquí en Theresienstadt han orando por ti todos los días: la Sra. Bott, la Sra. Czech, y otros.

"Steffi Bott y Gunter Czech estaban en el campo conmigo, Mamá. ¿Sus mamás sobrevivieron?"

"Sí, ambas están aquí. Pero casi un 90 por ciento de los del campo murieron. Los Rusos salvaron al resto de nosotros por un día, o habríamos muerto por gas. Pero dime de ti, Anita".

Mientras Mamá y yo nos sentamos en su pequeña cama, sus cinco amigas judías escuchaban atentamente cuando yo comenté de mi dura experiencia de once meses. Como pude entender que sus compañeras de cuarto no eran creyentes, traté de señalar la mano de Dios sobre mi vida. Escucharon muy atentas, con los ojos bien abiertos.

Lamentaron las feas cicatrices en la pierna, pero se regocijaron cuando les comenté como las heridas y cicatrices me protegieron de los Rusos. Sólo Mamá pudo creer mi tenacidad y fortaleza al perseverar hasta poder llegar a Theresienstadt bajo semejantes circunstancias.

Después yo escuché mientras me contaron de los horrores de Theresienstadt. Las "duchas" eran casi terminadas, y el gas Ciclón B había sido entregado allí, cuando los Rusos invadieron el campo.

"Tal vez Dios nos proveyó un ángel", dijo Mamá, "en la forma de un hombre de la Cruz Roja. De algún modo, él logró entrar en el campo antes de terminar la guerra. Los Nazis trataron de esconder las cámaras de gas que se estaban construyendo, pero él las vio. Después, él fue de prisa en carro hasta donde estaban los Rusos que avanzaban, y les rogó que llegara aquí inmediatamente. Los Rusos hicieron caso de su petición y vinieron enseguida. Detrás de ellos llegaron los doctores y las enfermeras que cuidaron de nuestros enfermos y moribundos. El campo estaba en medio de una terrible epidemia de tifoidea".

"Yo sé de ángeles, Mamá".

Algunos de los experimentos médicos más horribles que hicieron los Nazis se practicaron en los prisioneros de Theresienstadt. Es dudoso que muchos de los experimentos fueran legítimos; y algunos se hicieron solamente para mutilar e infligir dolor. Después, por capricho, el doctor Nazi podría decidir matar a la víctima en forma rápida por misericordia, inyectando aire en sus venas. Otros prisioneros, no tan afortunados, fueron matados a golpes. Otros murieron por los trabajos pesados, mientras otros perecieron de hambre.

Para los inconversos, la muerte era su único amigo. Para los creyentes, sólo su fe en Cristo los sostuvo.

Pero, en Theresienstadt, los prisioneros incluían a otros fuera de los judíos, aunque éstos eran los más numerosos. Cada campo tenía su cuota de "indeseables", incluyendo comunistas, gitanos, Testigos de Jehová, los mentalmente incompetentes, y los dementes. También los Nazis se deleitaron en decapitar a los muchos homosexuales que fueron enviados a varios campos.

Las historias de sangre, lágrimas, y terror en Theresienstadt, Dachau, Auschwitz, Buchenwald, Bergen-Belsen, Treblinka, Ravensbruck, y otros campos podrían llenar muchos volúmenes de libros. Satanás no dejó fuera ningún método horroroso para hacer sufrir a la humanidad. La Sra. Rosenberg me dijo como las calles de Praga fluyeron literalmente con sangre cuando los Nazis la invadieron para capturar a sus víctimas. Hubo casos de familias que tenían que observar impotentes como un bebé o pequeño niño era matado por la obra desenfrenada de Satanás, utilizando las tropas de asalto.

Mamá había trabajado largas horas, muchas veces limpiando pisos durante toda la noche. Le habían asignado varias otras labores durante su estadía de dieciocho meses, porque los Nazis exigieron que cada prisionero trabajara duro por el privilegio de seguir viviendo. La suciedad, las ratas, los piojos y las pulgas también formaron una parte inescapable de la vida de los prisioneros. Semejante existencia hizo que muchos prisioneros se portaran como animales, capaces de matar a un amigo por un cubito de azúcar.

La semana después de mi llegada a Theresienstadt, la mamá de Steffi Bott la encontró, y fueron felizmente reunidas.

Un mes después, los Rusos nos mandaron a todos nosotros a Bavaria, a un campamento de personas desplazadas.

Estaba repleto de judíos sin hogar procedentes de toda Europa. Durante siete meses, Steffi y yo y nuestras madres compartimos un solo cuarto en el campo PD mientras procesaron nuestros papeles y nos asignaron nuevos hogares. Familiares de los Bott en Nueva York iban a garantizar su viaje a los Estados Unidos.

A causa de los problemas financieros de Inglaterra, no pudimos emigrar allí para estar con Hela. Entonces, el Comité Cristiano Americano pro Refugiados nos ayudó a emigrar a Estados Unidos.

En mayo de 1946, salimos del campo PD y fuimos por tren de carga en vagones de ganado a Bremen, Alemania. Los techos de los carros tenían huecos bastante grandes, que hizo posible tener buena ventilación de aire fresco, pero una noche llovió fuertemente. Entonces nuestros colchones en el piso se volvieron "colchones de agua" y nuestra comida, ropa, y maletas fueron saturadas de agua.

Después de hacer más trámites en Bremen, fuimos a su puerto, Bremerhaven. Entonces, un hermoso día de sol , el 7 de junio, 1946, Steffi y yo y nuestras madres, juntamente con casi novecientos otros refugiados, salimos para los Estados Unidos en el barco S.S.Marine Flasher. Todos experimentamos emociones encontradas esa mañana, al observar desaparecer la costa de Alemania, porque el país nos tenía tantas memorias—buenas y malas—para cada uno. Parados en la cubierta, miramos en el sol como se desvanecía en la distancia el país de Alemania.

Durante once días viajamos en alta mar hacía América, experimentando una mezcla de emociones: gozo, temor a lo desconocido, aventura, y la formación de nuevas amistades.

El 17 de junio, 1946, nos dijeron que íbamos a llegar a Nueva York la siguiente mañana. Todos nosotros los jóvenes a bordo estuvimos levantados durante toda la noche para poder tener la primera vista de los Estados Unidos en la aurora. Charlamos y nos reímos y esperamos con

El Final Del Viaje

ansias toda la noche en la cubierta de arriba. Y cuando los primeros rayos del sol aparecieron en el horizonte, pudimos ver la Estatua de Libertad señalando hacia arriba en la neblina del cielo. Nadie habló.

Una hora más tarde, cuando pasamos la Estatua de Libertad, cada uno en la cubierta estaba sin palabra. Qué apropiado era, que las palabras de la poeta judía, Emma Lazarus, estuvieran grabadas en esa obra de arte, dando la bienvenida a un barco lleno de novecientos refugiados judíos, buscando la libertad. Todos nosotros habíamos soñado con tener esta oportunidad de libertad durante cada día de los últimos trece años.

EPÍLOGO

Posteriormente, no oímos nada más sobre docenas de nuestros familiares y nuestros amigos. Solamente teníamos que imaginarnos que formaban parte de esa inmensa figura impersonal de seis millones de judíos matados, que fueron sepultados en cementerios sin avisos. Así tiene que haber pasado con Tía Käte, Tía Friede, Tía Elsbeth, y otros familiares y amigos.

Pero en los años que siguieron, el contacto con algunos iba a restaurarse. Papá sobrevivió a la guerra, pero murió de cáncer en 1974. Hela, también, murió de cáncer, en 1965. Nunca volví a ver a mi papá después de la guerra, aunque nos escribimos. Aún así, él rechazó mis intentos de testificarle, tal como hizo mi hermana. Para mi tristeza, ambos murieron ateos.

Los hermanos Wolf habían muerto hacia finales de la guerra. Cristian Risel encontró con vida a sus padres y siguió en Alemania después de la guerra. Llegó a ser farmacéutico, y nos escribimos durante muchos años.

Gunter Czech también sobrevivió y se quedó en Alemania.

Finalmente, pero ciertamente no de menos importancia, el Pastor Hornig y su hermosa esposa sobrevivieron el holocausto. El Pastor Hornig fue atropellado por un camión en 1976 en Alemania y nunca se recuperó del accidente. La Sra. Hornig también murió hace muchos años.

Los maravillosos creyentes de la Iglesia Luterana de Sta. Bárbara en Breslau eran algunos de los héroes de Alemania. Tristemente, el número de héroes era muy poco. Muchos pastores e iglesias cedieron a los Nazis o tornaron oídos sordos y ojos ciegos hacia el sufrimiento de los prisioneros de Europa. El mismo Satanás se metió en el mismo centro del corazón de la iglesia en Alemania y causó que mucha gente de las iglesias—pastores y laicos por igual—racionalizara e hiciera compromiso con los Nazis. Una mentalidad de no oír lo malo y no ver lo malo llenó al país en cuanto a su tratamiento hacia los judíos y otros "indeseables". Cuando preguntaron a

Epílogo

los Alemanes sobre las cosas que habían visto, toda la nación de repente desarrolló una extraña forma de "amnesia". Posiblemente era una forma de auto-protección que les ayudó a olvidarse de la terrible experiencia de la Alemania Nazi.

La nación que produjo Beethoven, Bach, Mozart, y una cantidad de otros hombres y mujeres que el mundo siempre agradecerá, también perpetró y, en forma activa o pasiva, apoyó la carnicería del tercer Reich.

Pero las consecuencias también volvieron a casa, porque Alemania era un gigantesco cráter incendiado al final de la guerra. Tres millones de sus soldados murieron y otro millón sufrió el fuerte frío en las prisiones de Siberia. Más de medio millón de civiles murieron en los ataques aéreos sobre Alemania.

Pero ¿cuál nación no es capaz de la misma clase de tiranía? Mientras Alemania mató a sus seis millones de prisioneros, Rusia mató a veinte millones en Siberia. Después Stalin añadió encima de éstos, incontables vidas más.

La cortina de bambú tiene millones más en prisiones. La misma clase de tratamiento y torturas son infligidos sobre los habitantes de docenas de otros países hoy en día.

Es claro que el espíritu de Adolfo Hitler todavía vive en el mundo de hoy, porque ese espíritu es Satanás. Tal como Alemania creía las mentiras de Hitler, el mundo cree las mentiras de Satanás, porque es el padre de mentiras. Es irónico que el mismo Hitler era engañado, guardando sus ataques más salvajes para los indefensos judíos en vez de utilizarlos contra los ejércitos que lo destruyeron. Aún en sus palabras finales, denunció la amenaza del Judaísmo internacional.

Ese mismo espíritu sopla las llamas del anti-semitismo hoy en día. Mientras los judíos de Rusia sufren menos persecución desde la caída del comunismo, los judíos arriesgan sus vidas en las calles de muchas naciones europeas, especialmente en Francia. Algunos dicen que el sentido de anti-semitismo en Europa hoy es casi igual al de 1939. Los judíos de Europa están huyendo a Israel por miedo. En el Reino Unido, los ataques de anti-semitismo han aumentado en un 42% desde 2004.

El hacer lo malo en el nombre de Dios ocurre en muchas denominaciones Cristianas hoy en día. La Iglesia Presbiteriana USA, la

Atrapada En El Infierno De Hitler

Iglesia Metodista, la Iglesia Episcopal, y el Consejo Nacional de Iglesias han votado a favor de despojar a Israel de sus fondos, estrangulando así su economía. Y con el intento de formar un estado palestino, las profecías bíblicas se están cumpliendo más plenamente, ya que todas las naciones se están levantando en contra de Israel—hasta aún los Estados Unidos—como profetizó Zacarías 12:3.

El anti-semitismo toma varias formas, pero el denominador común es que el pueblo judío es maldecido por mucha gente, denominaciones, y naciones, aunque no utilizan la esvástica.

Pero la maravillosa noticia es que Dios está listo para perdonar hasta aún un Adolfo Hitler, a un Eichmann, a un Himmler, a un Heydrick, a un Goebbels, o a un Hoss. El amor y el perdón de Dios son así de grande. ¡Dios puede transformar al individuo más perverso, si reconoce su necesidad del único Salvador, Jesucristo!

Pero si los sumamente malignos no responden a Dios, si siguen en línea con el Maligno, el pueblo de Dios no tiene que temer. Dios libera. Y si El no libera, El sostiene. Y si El no sostiene, El nos recibe en Sus brazos eternos—¡porque El es soberano! A Dios sea la alabanza.

> Pero yo cantaré de tu poder, Y alabaré de mañana tu misericordia; Porque has sido mi amparo Y refugio en el día de mi angustia. Fortaleza mía, a ti cantaré; Porque eres, oh Dios, mi refugio, el Dios de mi misericordia.
> Salmo 59:16-17

Anita, poco después de llegar en América

The Story of Anita Dittman—DVD

H ear the incredible testimony of Holocaust survivor, Anita Dittman, who was a young Jewish girl in Germany during the Third Reich. Her faith in Christ sustained her as is evident when she tells her story. An introduction by Jan Markell makes this presentation all the more precious. These two Jewish women have found their Messiah in Jesus Christ and testify of it daily. DVD, 90 minutes (qualifies for quantity discounts)

In October of 2007, Anita Dittman gave her testimony in front of a live audience. Lighthouse Trails is pleased to present this special DVD of Anita's story. An introduction by Jan Markell makes the presentation all the more precious. These two Jewish women have found their Messiah in Jesus Christ and testify of it daily. Retail $15.95, 70 minutes, DVD, quantity discounts available.

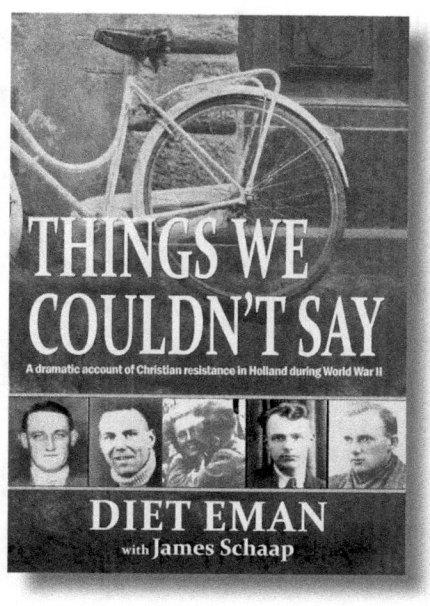

Things We Couldn't Say

by Diet Eman
with James Schapp

A dramatic account about the Christian resistance movement in Holland during World War II

This is the true story of Diet Eman, a young Christian woman who joined the resistance movement in the Netherlands during WWII. Together with her fiancé and other Dutch men and women, "Group Hein" risked their lives to save the lives of Jews who were in danger of becoming victims of Hitler's "final solution." *Things We Couldn't Say* is an endearing and powerfully moving love story that occurs in the midst of extreme danger and often unbearable circumstances and loss. Before the war ends, Eman, her fiancé, and several in their group are arrested and sent to concentration camps—many of them lose their own lives.

This story will help us remember a time in history that should not be forgotten and will inspire us to live more courageously and stand for what is right, doing so by the power and grace of God. Things We Couldn't Say is a beautiful illustration of II Corinthians 12:9, which states: "And he [the Lord] said unto me, My *grace is sufficient for thee: for my strength is made perfect in weakness. Most gladly therefore will I rather glory in my infirmities, that the power of Christ may rest upon me.*" Biography/Holocaust, 352 pages, Lighthouse Trails Edition, $14.95 Softbound, photos, 978-0-9791315-7-8

Otros libros por Lighthouse Trails Publishing

Un tiempo de apostasía (2a edición)
por Ray Yungen
$14.95 (próximamente en español)

La Fe Desachada
por Roger Oakland
$14.95 (próximamente en español)

The Trinity
by Mike Oppenheimer
$11.95

El Buen Pastor Lllama
por Roger Oakland
$14.95 (próximamente en español)

Muddy Waters (Native Spirituality)
by Nanci Des Gerlaise
$13.95

The Other Side of the River
by Kevin Reeves
$13.95

Things We Couldn't Say
by Diet Eman (Christian resistance in WWII)
$14.95

Taize
by Chris Lawson
$10.95

Para una lista completa de nuestros libros y DVDs ver www.lighthousetrails.com o pida un ejemplar de nuestro catálogo.

Atrapada en el Infierno de Hitler
Enviar $14.95 mas $3.75 (por un libro; 5.25 por 2-4 libros) a:
Lighthouse Trails Publishing
P.O. Box 908
Eureka, MT 59917 EE.UU.

Para información sobre descuentos para pedidos en cantidad, ver nuestro website www.lighthousetrails.com.

Puede hacer su pedido por internet en esta dirección: www.lighthousetrails.com o llámenos a nuestro teléfono [EE. UU. LINEA DE PEDIDOS: 1(866) 876-3910]

Para toda otra llamada: 1-406-889-3610
Fax: 1-406-889-3633

Atrapada en el Infierno de Hitler como los otros títulos publicados por Lighthouse Trails Publishing, puede pedirse en los centros mayores de distribución, librerías por internet, y librerías Cristianas.

Las librerías pueden pedir en Ingram, Spring Arbor, Anchor, Bibliotecas pueden pedir a través de Baker y Taylor.

Descuentos para pedidos en cantidad para la mayoría de nuestros libros. Pedidos internacionales pueden hacerse por internet o por medio de fax u hoja de pedido

Para más información:
Lighthouse Trails Publishing,
www.lighthousetrails.com
o visite el website del autor en:
www.hitlershell.com

www.ingramcontent.com/pod-product-compliance
Lightning Source LLC
LaVergne TN
LVHW020929090426
835512LV00020B/3276